Flavia Friedrich

MID MOM CRISIS

W0044214

Flavia Friedrich

MID MOM CRISIS

Wie du als Mama zwar voll cringe,
aber dennoch glücklich sein kannst

mvgverlag

Bibliografische Information der Deutschen Nationalbibliothek
Die Deutsche Nationalbibliothek verzeichnet diese Publikation in der Deutschen Nationalbibliografie. Detaillierte bibliografische Daten sind im Internet über http://dnb.d-nb.de abrufbar.

Für Fragen und Anregungen
info@mvg-verlag.de

Originalausgabe
1. Auflage 2023
© 2023 by mvg Verlag, ein Imprint der Münchner Verlagsgruppe GmbH
Türkenstraße 89
80799 München
Tel.: 089 651285-0
Fax: 089 652096

Alle Rechte, insbesondere das Recht der Vervielfältigung und Verbreitung sowie der Übersetzung, vorbehalten. Kein Teil des Werkes darf in irgendeiner Form (durch Fotokopie, Mikrofilm oder ein anderes Verfahren) ohne schriftliche Genehmigung des Verlages reproduziert oder unter Verwendung elektronischer Systeme gespeichert, verarbeitet, vervielfältigt oder verbreitet werden.

Redaktion: Petra Holzmann
Umschlaggestaltung: Isabella Dorsch
Umschlagabbildung: Shutterstock.com/A-R-T, Anastasiia Kozubenko
Satz: Satzwerk Huber, Germering
Druck: CPI books GmbH, Leck
Printed in the EU

ISBN Print 978-3-7474-0474-4
ISBN E-Book (PDF) 978-3-96121-859-2
ISBN E-Book (EPUB, Mobi) 978-3-96121-860-8

Wir produzieren
nachhaltig
www.m-vg.de

Weitere Informationen zum Verlag finden Sie unter

www.mvg-verlag.de

Beachten Sie auch unsere weiteren Verlage unter www.m-vg.de

INHALT

Ein Herz aus Butter 7

Schichtwechsel 13

Die Booster-Moisture-Cellular-Collagen-Anti-
Aging-Therapy 19

Yolo! 25

Die Blockflöten-Exorzistin 31

Wer braucht schon einen Porsche?!. 37

Die Mid Mom Crisis, der ausgebuffte Endgegner 45

Die Krisengleichstellungsbeauftragte 53

Voll verpartnert 59

Die U-Kurve des Glücks 65

Affirmationen. 71

Teures Teufelszeug 77

Die 15-Minuten-Pause 85

Von Wurzeln und Flügeln 93

Die Glücksfalle 99

Plötzlich vegan 107

Eltern-Eltern 117

Sistahood 123

The Lord of Sport 129

Empty-Nest-Syndrom 135

Ein bisschen Bestechung wird ja wohl erlaubt sein 143

Der Krisentest 149

Die Tortenlüge 157

Plötzlich Covergirl 163

Muttertag – eine Abrechnung 169

Mid Mom Movement 175

Die Geburtstagskrise oder: der Krisengeburtstag 179

Literaturhinweise 187

EIN HERZ
AUS BUTTER

In letzter Zeit befällt mich manchmal so ein Gefühl. Ich kann es gar nicht genau benennen, aber die Empfindung ist da, sie klopft an, oft noch zaghaft, aber dennoch hartnäckig. Es verändert sich etwas in meinem Leben, und zwar während meine Söhne erwachsen werden: Meine Rollen als Mama und auch als Frau werden auf die Probe gestellt, ihre Inhalte verschieben sich, ohne dass ich Einfluss darauf zu haben scheine.

Steht ein Umbruch bevor, auf den ich mich vorbereiten sollte? Noch kann ich es nicht greifen, dieses diffuse Gefühl, aber verschiedene Erlebnisse – gespickt mit seltenen, aber doch wiederkehrenden *tiny-heartbreak*-Momenten seitens meiner Söhne – deuten jedenfalls darauf hin, dass die Dinge sich wandeln, wenn auch bisher nur schleichend.

Am Nachmittag zum Beispiel steht ein Besprechungstermin beim Kieferorthopäden mit meinem zehnjährigen Sohn Joshi auf dem Programm. Weil wir uns ein bisschen bewegen müssen, beschließen wir, mit dem Rad dorthin zu fahren. Na gut, *er* beschließt, dass es das Rad sein soll, ich füge mich. Und das, obwohl ich draußen den Schneeregen sehe. Joshi macht das nichts aus. Die Kinder, also Joshi und sein zwölfjähriger Bruder Tim, düsen bei jeder Witterung mit dem Rad durch die Gegend. Ich dagegen bin ein ausgemachter Schönwetterradler. Fahrrad und Regen – geschweige denn Schnee –, das verträgt sich für mich einfach nicht. Aber versprochen ist versprochen, ich schwinge mich auf den Drahtesel und los geht's.

Boah, ist das kalt! Meine Hände mutieren nach drei Metern schon zu Eisklumpen. Keine Ahnung, wie mein Sohn das aushält, im Gegensatz zu ihm trage ich nämlich Handschuhe. Die Jungs halten solches Equipment – selbst im tiefsten Winter – für vollkommen überflüssig.

Ich beiße die Zähne zusammen und schließe zu Joshi auf, der bereits vorne an der Straßenecke angekommen ist. Joshi sieht sich nach mir um – und beschleunigt?! Hallo?! Was soll *das* denn, bitte?

Ich trete fester in die Pedale, doch keine Chance. Wie von der Tarantel gestochen, jagt mein Sohn davon, bis ich ihn nur noch als kleines Pünktchen am Horizont ausmachen kann.

Schneller geht echt nicht, gleich klappe ich auf meinem Rad zusammen, so sehr rauscht meine Pumpe. Die Lunge brennt vor Kälte, und mein Atem kommt mit dem Wölkchenproduzieren nicht hinterher.

Tja, bist eben nicht mehr 20, meldet sich mein Unterbewusstsein, das ich gar nicht nach seiner Meinung gefragt habe.

Ich pfeife aus dem letzten Loch, als ich endlich vor der Arztpraxis auf meinen Sohn treffe.

»Sag mal, kannst du nicht auf mich warten?«, meckere ich.

»Ich geh schon mal vor«, erklärt Joshi, als hätte er meine Beanstandung nicht gehört. Dabei werde ich den Eindruck nicht los, dass er nicht mit mir gesehen werden will. »Ach, und ...« Er zögert. »Könntest du dich drinnen bitte *woanders* hinsetzen, Mom? Also nicht *neben* mich, mehr so gegenüber von mir?«

»Darf ich mit dir sprechen?«, gebe ich genervt zurück. Dass auch Kind Nummer zwei meine Hand in der Öffentlichkeit nicht mehr halten möchte, habe ich inzwischen akzeptiert. Aber diese *Ich-kenn-die-nicht-Nummer* scheint mir doch sehr übertrieben.

»Lieber nicht«, erklärt Joshi jetzt auch noch und verschwindet im Treppenhaus des Kieferorthopäden.

Drinnen keine Spur von meinem Sohn. Ich melde uns an und begebe mich ins Wartezimmer. Joshi hat sich neben einen fremden Herrn gesetzt und daddelt auf seinem Handy herum.

Ich setze mich wie befohlen ihm gegenüber auf einen freien Platz. Dann zücke ich mein Telefon und tippe: »Hey, sei gegrüßt, Fremder!«

Es piept auf Sohnemanns Gerät. Joshi verdreht die Augen und schreibt zurück: »Sorry, aber muss uns ja nicht jeder zusammen sehen.«

»Weil niemand wissen soll, dass du eine Mama hast?«, frage ich.

Darauf fällt ihm offensichtlich nichts ein.

»Mit einer Mama bist du nämlich echt ein Exot, weißt du?«, nerve ich ihn weiter. »Hat sonst keiner, so eine. Du bist der einzige bemutterte Mensch auf der Welt. Und wenn sie dich mit mir erwischen, dann stecken sie dich in den Zoo, als seltenes Ansichtsexemplar. Wenn du Glück hast, füttern sie dich vielleicht nicht nur mit Bananen, sondern auch mit Schokolade, wer weiß?!«

Joshi seufzt und tippt: »Haha!« mit tausend grimmig guckenden Smileys hinterher.

Bevor ich zum nächsten Schlag ansetzen kann, werden wir in den Behandlungsraum gerufen. Joshi stapft vor mir her und lässt sich wortlos auf dem Praxisstuhl nieder. Kurz überlege ich, ob ich ihm vielleicht doch die feste Spange verpassen lassen soll, um die wir uns im letzten Jahr erfolgreich durch den Einsatz einer losen Spange gedrückt haben. Denn mein Jüngster soll ruhig wissen, dass es da noch eine Mama gibt, die dazugehört. Und im Zweifel entscheidet. Aber das wäre ziemlich gemein. Und auch nicht in meinem Sinne. Feste Spangen sind nämlich wirklich eine Strafe, wie ich aus eigener Erfahrung weiß. Also das übliche Programm, eine neue lose Klammer für ihn und fertig. Für *uns*. »*Wir* haben *uns* gegen die Feste entschieden«, konstatiere ich.

Wenn es nach meinen Söhnen geht, handelt es sich bei diesem *Wir* jedoch bereits um eine aussterbende Art.

Sie wollen nicht mit mir in einen Topf geschmissen werden, sondern lieber als Individuen auftreten. So, als seien sie aus irgendeinem herrenlosen Ei geschlüpft. Als wären sie ohne mein Zutun so groß und frech und wunderbar geworden, wie sie heute sind. Aber da haben sie nicht mit mir gerechnet. So leicht gebe ich mich nicht geschlagen. Ich bin schließlich noch vorhanden, gleich hier stehe ich, auf beiden Füßen, und – ich bin *sehr wehrhaft* …

»Seit wann ist das so mit uns?«, frage ich daher Joshi, als wir wieder draußen stehen, während er sein Fahrrad aufsperrt und deswegen gerade nicht entwischen kann.

Er richtet sich auf. »Das Schloss klemmt.«

»Und jetzt?« Ratlos hebe ich die Hände.

»Kannst du bitte mal danach gucken?!«

Klingt für mich eher wie ein Befehl als nach einer Bitte.

»Für dich immer noch: Sie!«, erkläre ich und stemme die Fäuste in die Hüften. »Oder sind wir uns schon mal begegnet? Habe ich dir vielleicht irgendwann das *Du* angeboten? Hm? Nicht, dass ich wüsste.«

»Hä?« Verwirrt blickt mein Sohn mich an.

»Wir kennen uns nicht, schon vergessen?« Ich entriegle mein Rad und täusche an, einfach wegzufahren.

»Bitte, Mom!« Joshi stellt sich mir in den Weg. Er lächelt sogar ein bisschen. Schelmisch.

Verdammt, mein blödes Mama-Herz. Es schmilzt. Ergeben steige ich vom Rad. »Na gut.«

Erleichtert hält Joshi mein Fahrrad, während ich mich seinem Schloss widme. »Aber nur, wenn du auf der Rückfahrt nicht gleich wieder vergisst, mit wem du es zu tun hast.«

Damit ist er einverstanden, und so gondeln wir gemeinsam zurück, durch Schnee und Eis, Mama mit den abgefrorenen Händen und der nun zumindest für diesen Augenblick nicht mehr von allen guten Fahrradschlössern verlassene Sohn …

SCHICHTWECHSEL

»O – M – G! Du *ARME*!« Mitleidig starrt Susanna mich an. Sie greift über den Tisch, nimmt meine Hand und drückt sie. Offensichtlich brauche ich ihren Beistand. Und zwar dringend, Susannas besorgtem Gesichtsausdruck nach zu urteilen. Wie gut, dass es sie gibt und dass sie ein so emotionaler Mensch ist, denn eigentlich war mir bis vor einer Sekunde noch gar nicht bewusst, dass ich wohl ein großes Problem habe, mit dem ich mich mal besser ausgiebig beschäftigen sollte.

Jetzt könnte man meinen, ich hätte meiner lieben Freundin soeben, während wir zusammen gemütlich im Café sitzen, von einer schlimmen Katastrophe erzählt, zum Beispiel, dass mein Mann und ich uns trennen oder dass einer meiner Söhne plötzlich beschlossen hat, ab sofort der Punkszene anzugehören – oder dass unser Haus bis auf die Grundmauern abgebrannt ist. Oder auch alles zusammen – Susannas entsetztem Aufschrei, der die Aufmerksamkeit der gesamten Cafégäste auf sich gezogen hat, nach zu urteilen.

Doch nein, dies alles war *nicht* der Fall. Was ich kurz zuvor verkündet hatte, war bloß, dass ich Susanna ganz herzlich zu meinem Geburtstagsessen einlade. Zu meinem 40.

»Und, ähm ...«, Susanna tätschelt mitfühlend meine Hand, während sie nach den richtigen Worten sucht. »Wie bereitest du dich darauf vor?«

»Ich – reserviere einen Tisch?!« Fragend ziehe ich die Augenbrauen hoch und meine Hand zurück.

Susanna verfolgt mit ihrem Blick den Weg meiner Brauen Richtung Haaransatz. Sie zieht scharf die Luft ein und fuchtelt mit dem Zeigefinger vor meiner Stirn herum. »Du solltest das ernst nehmen. Es hat nämlich schon angefangen. Nicht nur dort, sondern auf allen Ebenen.«

Erstaunt streiche ich über mein Gesicht. »Was denn?«

»Na, das Alt-und-überflüssig-Werden. Du wirst doch bald 40. Spätestens dann ändert sich so *einiges*.« Bei *so einiges* ist es jetzt Susanna, die die Augenbrauen hochzieht. Was allerdings ihrer glatten Stirn nichts anhaben kann.

Bedeutungsvoll rührt sie in ihrem dritten Cappuccino herum. »Sagen alle. Es trifft einfach *jede*. Du kommst jetzt ins mittlere Alter und du solltest dich darauf einstellen, dass du dann nicht mehr dieselbe bist.« Sie nippt an ihrem Kaffee, während sie mich mit ernstem Ausdruck über ihre Tasse hinweg anblickt.

Ich bin sprachlos. Ist das echt ihr Ernst? Kurz überlege ich, ob ich es mir erlauben kann zu lachen. Kann ich leider nicht. Susanna ist ziemlich empfindlich. Und sie ist ziemlich überzeugt von ihren Ansichten. Besser also, ich halte mich erst mal zurück.

»Okaaaaayyyy«, antworte ich deshalb gedehnt. »Und was schlägst du jetzt vor?«

Es klirrt, als Susanna ihre Tasse energisch auf dem Tisch absetzt. »Vielleicht fragst du mal Fatima oder Lisa, wie sie das sehen. Ich bin ja zum Glück noch ziemlich jung und hab noch viiiel Zeit.«

BAM! Das hat gesessen. Susanna ist ziemlich jung – und ich bin: sehr, sehr alt?! Ich erwäge, meine Geburtstagseinladung wieder zurückzuziehen. Wahrscheinlich mag Susanna sowieso nicht kommen, wer möchte sich schon mit einer ollen, hutzeligen Schachtel wie mir an einen Tisch setzen?

Am liebsten würde ich Susanna fragen, ob sie mir als Geburtstagsüberraschung einen pürierten Kuchen mitbringt, könnte ja sein, dass mir bis dahin alle Zähne ausgefallen sind. Als Geschenk könnte ich meine Gäste um einen Zuschuss zu meinem Sarg bitten, oder vielleicht wäre ein hübscher Gehstock eine gute Idee? Immerhin hätte ich in der Bahn kein Problem mehr, Jüngere müssten mir auf alle Fälle ihren Sitzplatz anbieten. Sonst gibt's was hinter die Löffel.

»Ich muss los«, erklärt Susanna jetzt, ohne zu ahnen, was mir gerade durch den Kopf spukt. »Die Kinder ...« Sie seufzt.

»Klar, kein Problem.« Ein kleiner Stich schießt durch meine Brust. Meine Jungs kommen inzwischen mehr oder weniger alleine klar. Trotzdem, auch wenn es schon eeewig her ist, dass *ich* wegen der Kinder eher losmusste, um sie aus der Kita abzuholen, weil sie zum Beispiel Läuse hatten, oder auch einfach nur, weil die Kita mittags eben schließt, kann ich mich noch lebhaft an diesen zeitlichen Stress erinnern. Braucht man nicht. Oder vielleicht doch?

Moment mal: *ewig* her. Da ist es, dieses eine Wort, das irgendwie doch belegt, dass Susanna eventuell ein kleines bisschen recht hat, wenn sie meint, im Gegensatz zu mir noch jung zu sein. Sie ist als Mama unersetzlich, sie wird gebraucht. Ihre Kinder sind zwei und vier Jahre alt, meine sind schon zehn und zwölf …

»Könntest du die Rechnung heute übernehmen? Ich revanchiere mich, versprochen!« Und weg ist sie. Immer in Eile, die verantwortungsvolle Mami.

Allein, aber mit einem mit Gedanken vollgestopften Kopf bleibe ich noch eine Weile an meinem Platz sitzen. Natürlich habe ich auch schon davon gehört, dass es sie gibt, die Krise, die Menschen ab einem bestimmten Alter befällt. Die sogenannte *Midlife Crisis*. Oder – auf Deutsch: die Krise in der – das Wort mutet spannungsmäßig so an wie das *Maaahlzeit* in Behörden – Lebensmitte. Doch trifft diese fiese Krise wirklich jeden? Also nicht nur Männer, sondern auch Frauen und Mütter wie mich? Vielleicht gibt es sogar speziell so etwas wie eine *Mid Mom Crisis*?

Hat Susanna recht? Stimmt es, dass Frauen im mittleren Alter sich verändern? Was macht es mit einem, 40 zu werden? Und wie wirken Frauen ab dann nach außen? Wie sehen die eigenen Kinder ihre Mama? Und was macht eine Mutter ohne Kinder, die sie brauchen? Ist das Leben ab dann weniger sinnvoll, weniger spannend, weniger aufregend, weniger – toll?

Ich zücke mein Handy und durchsuche meine Kontakte. Ich muss unbedingt mit jemandem sprechen, der diese Prozedur schon durchgemacht hat. Lisa ist eine gute Adresse. Sie ist drei Jahre älter als ich, ihre Kinder stecken mitten in der Pubertät und …

Es tutet.

»Hi! Was gibt's?« Es klingt, als sitze Lisa im Auto.

»Hey! Ich brauch deine Expertise. Hast du kurz Zeit?«, frage ich, während ich nervös auf der Unterlippe herumkaue.

»Grad ganz schlecht. Bin fast am Flughafen. Fliege nach Spanien. Selbstfindung, weißt du? Alles nicht so einfach in meinem Alter …«

Ich schlucke. *In meinem Alter.* Es stimmt also. Älter werden ist problematisch. Sogar die selbstbewusste Lisa scheint diesbezüglich zu kriseln.

»Was ist denn los?«, erkundigt sich Lisa. Im Hintergrund fällt eine Autotür ins Schloss.

»Ich wollte – dich zu meinem Geburtstag einladen«, täusche ich über meine Sprachlosigkeit hinweg. »Bist du in zwei Wochen zurück?«

»Bin ich. Freu mich! Muss jetzt auflegen, Tschüssi!«

Kurz bin ich richtig durcheinander. Sowohl Susanna als auch Lisa scheinen der Ansicht zu sein, dass das Altern ab sofort unschön werden wird. Kein Zuckerschlecken, nichts, was ich einfach so wegstecken könnte. Ich brauche also einen Plan. Einen Merkzettel, der mir hilft, möglichst sicher durch die wahrscheinlich bevorstehende Krise zu navigieren.

Und da Lisa gerade jetzt keine Zeit für eine Befragung zum Thema hat, kritzle ich schnell die Überschrift

Krisenfahrplan

und dann

☐ Lisa befragen

auf eine der ausgelegten Servietten.

Gedankenverloren starre ich anschließend auf Susannas leere Cappuccino-Tasse vor mir, bis die Bedienung mir ungefragt die Rechnung über den Tisch in mein Sichtfeld schiebt und meint: »Schichtwechsel.«

DIE BOOSTER-MOISTURE-CELLULAR-COLLAGEN-ANTI-AGING-THERAPY

Unterwegs nach Hause bilde ich mir ein, über den Dingen zu stehen. Schließlich bin ich noch voll jung, geradezu jugendlich. Ich fühle mich zumindest so. Wie 20.

Ich könnte locker in einen Club gehen und die Türsteher würden mich am Eingang nach meinem Ausweis fragen. Okay, vielleicht würden sie doch nicht fragen, dann aber zumindest erstaunt gucken, wenn sie mein Geburtsjahr auf dem Ausweis sehen, den ich ihnen unter die Nase halte. Jedenfalls würde ich nicht so auffallen wie früher die alten Ladys, die meinten, in ihrem Alter noch öffentlich einen draufmachen zu müssen. Wie peinlich die immer getanzt haben! Ich erinnere mich genau, wie wir uns auf Partys – damals Feten – über solche Grüppchen lustig gemacht haben. So nach dem Motto: »Was wollen *die* denn noch hier, in *dem* Alter.« Also mit – äh – 60? Na ja, gut, vielleicht waren die Damen auch in den 50ern. Obwohl, sie könnten auch Ende 30, Anfang 40 gewesen sein ...?

Aber es waren ja auch andere Zeiten. Meine Mom war sicher nicht so hip, wie ich es heute bin, sie hatte keinen Plan von dem, was so angesagt war. Im Gegensatz zu mir natürlich. Ich bin voll drin, weiß Bescheid, kenn mich aus. Zu Hause bin ich nicht nur Mom: Leude, nennt mich Digga oder Sis. Alles kein Problem für mich, ich gehör eben genau hinein in diese aktuelle Generation.

Nee, in so einem Club würde ich nicht auffallen. Locker pass ich noch in die entsprechenden Outfits, und *dancen* kann ich allemal. Aber: alte *Männer* in Clubs, das geht ja gar nicht. Sehr grenzwertig, wenn die auf Partys rumstehen und die Mädels anstarren. Also, liebe Männer: So ab Mitte 30 überlasst ihr mal besser den Frauen das Feld, schließlich wollt ihr ja nicht als fiese Lustmolche rüberkommen, stimmt's?!

Jetzt – gedanklich in die 20er versetzt und wieder so selbstbewusst wie vor meinem Gespräch mit Susanna – komme ich mit gestrafften Schultern zu Hause an. Mein Weg führt mich schnurstracks ins Bad. Wäre doch gelacht, wenn ich nicht sofort auch die letzten Alters-Zweifel ausräumen könnte.

Ein erster Blick in den Spiegel verrät mir, dass ich noch immer dieselbe bin. Habe wohl das mittlere Alter lange nicht erreicht. Ich lächle mir zu, und – ups! – da grinsen ein paar zu viele Gesellen zurück, ungefragt und ungebeten. Schnell gucke ich wieder ernst. Ha, ausgetrickst! Ihr könnt mir gar nichts, ihr kleinen Krähenfüßchen, ich dagegen bin sowas von MÄCHTIG. Als eure grausame Gebieterin mache ich euch den Garaus, wann immer es mir passt!

Ich halte mein Gesicht noch näher an den Spiegel, um mich ganz genau zu betrachten. Vielleicht lässt sich das wahre Alter einer Frau entsprechend des noch erträglichen Abstands zum Spiegel messen, je näher, desto jünger, wer weiß? Aber den Gedanken verwerfe ich schnell wieder, denn leider komme ich gar nicht *sooo* nah heran, zu früh entdecke ich die Bösewichte auf meinem Gesicht. Die Falten. Es heißt zwar *die* Falte, aber ich bin trotzdem davon überzeugt, dass es sich dabei um männliche Gebilde handelt, quasi Herren-Falten. Kein weibliches Wesen auf dieser Welt käme nämlich auf die Idee, sich in unsere Gesichter einzugraben. Wozu soll das auch gut sein? Erschrocken zucke ich zurück. So viele Kerle in meinem Gesicht hatte ich echt nicht erwartet. Dabei sehe ich jeden Tag in den Spiegel, es hätte mir doch auffallen müssen, dass sich da was tut?

Und außerdem: Was ist bloß los mit meinem Haar? Trocken und zerzaust verteilt es sich über meinen Kopf, so, als hätte jemand vor, es irgendwann später mal zu einem verfilzten Nest zu drapieren. War das nicht früher einmal fluffiger? Und glänzender? Hatte es nicht mal diese Spannkraft, die es dazu brachte, beim Gehen locker flockig über die Schultern zu wippen? Ich hüpfe ein paar Mal auf und ab, um meinem Haar zu beweisen, dass es genauso wenig gealtert ist wie ich, doch Fehlanzeige. Na ja, Hüpfen hab ich auch schon lang nicht mehr geübt.

Wenn ich es mir richtig überlege, waren in letzter Zeit ziemlich viele Haare in der Bürste. So, als wäre die zugelassene Anzahl der Kandidaten auf meinem Kopf neuerdings begrenzt, als gäbe es nicht mehr genügend Nährstoffe für alle da oben. »Reifes Haar«, denke ich, »fällt halt aus. Muss ich vielleicht bald zum Friseur, um mir die Matte künstlich aufplustern zu lassen, damit niemand merkt, wie wenig davon übrig geblieben ist?«

Erschrocken lasse ich mich auf den Badewannenrand sinken. Es ist tatsächlich schlimmer als gedacht. *Viel* schlimmer. Ich brauche *dringend* Hilfe.

Kosmetische Hilfe. Ja, das ist es! Ich ziehe mein Handy hervor und google nach Mittelchen, die angeblich verhindern sollen, dass Frauen altern. Klar, ich creme mir mein Gesicht ein und ich pflege auch mein Haar, aber vielleicht gibt es was anderes, spezielleres für Frauen wie mich? Also in meiner aktuellen Lage, im *fortgeschrittenen* Alter? Autsch, »fortgeschritten« klingt, als wäre ich schon kurz vorm Abgrund angelangt. Danach folgt dann gleich *überschritten* oder so. Also: *The End.*

Leider hat Google ziemlich viele Antworten zu meiner Eingabe, zum Beispiel: »Gesichtspflege ab 40. Die 7 Produkte, die jede Frau unbedingt braucht.« Echt jetzt?! *Sieben* Stück? Wann bitte soll ich dieses ganze Zeug denn benutzen? Und wohin soll ich es schmieren? So schnell kommt meine arme Haut ja gar nicht hinterher, wenn ich ihr alle paar Minuten was anderes draufklatsche.

Ich überfliege Schlagzeilen wie *Anti-Aging* und *Kosmetik für reife Haut.* Ich wusste gar nicht, dass es sich mit der Haut ähnlich verhält wie mit Haaren oder Obst. Sie wird genauso reif – und fällt dann ab?! Und vorher ist sie unreif, oder was?

Und was zur Hölle bitte soll die riesengroß und unübersehbar beworbene *Triple Liquid Moisture Lifting Cellular Therapy* sein? Wird da Fett abgesaugt? Oder kommt man davon in die Klapse?

Auch *Collagen Doctor Booster Cream* klingt für mich eher nach einer komplizierten Brustvergrößerung als nach einfacher Hautpflege.

Muss ich das vorher studieren, gibt es vielleicht Kurse mit dem Titel »Cremerei«, die ich belegen könnte? Vielleicht sollte ich wenigstens meine Englischkenntnisse erweitern, die Hersteller der ganzen Cremes haben offensichtlich ein Problem damit, normale Überschriften für ihre Produkte zu finden. Also solche, die man versteht.

Krisen-Creme zum Beispiel würde mir gut gefallen, von mir aus auch stylisch auf Englisch *Crisis Cream*: »Creme dich damit ein – und du kommst krisenfrei durchs mittlere Alter.« Oder wie wäre es mit *Faltenkiller*? Oder ganz dramatisch: »Der Falten-Mörder – die Jagd beginnt.« Sofort entstehen Bilder in meinem Kopf von kleinen mit Pfeil und Bogen bewaffneten Amazonen, die wild schreiend auf meinem Gesicht herumrennen, während sie die verzweifelt um ihr Leben bettelnden Falten und Krähenfüße abballern und verjagen.

Warum dürfen Frauen ihren Kampf gegen das Alter nicht mit ein bisschen Humor begehen? Ich nehme mir vor, unbedingt einen Brief an die Kosmetikfirmen zu schicken mit meinen Gedanken zum Thema, und notiere den Punkt auf meiner Krisenserviette:

☐ Brief an Kosmetikfirmen

Vorher sollte ich mich aber trotzdem für ein paar der angebotenen Produkte entscheiden. Schnell wird geklickt und gekauft, und der Schritt

☐ Cremes ausprobieren

landet auf meiner Liste.

Der Selbsttest muss schon sein, schließlich darf ich Susanna auf keinen Fall enttäuschen, wenn sie zu meinem Geburtstag erscheint. Bis dahin ist ja zum Glück noch ein bisschen Zeit …

Krisenfahrplan

☐ Lisa befragen
☐ Brief an Kosmetikfirmen
☐ Cremes ausprobieren

YOLO!

Zufrieden mit meinem Onlineshoppingerlebnis, aber um einige Euros ärmer, begebe ich mich ein Stockwerk tiefer, um das Chaos in den Jungszimmern in Augenschein zu nehmen. Ich öffne Tür eins, und – Tim ist schon zu Hause und offensichtlich bereit für sein Fußballtraining. Er hockt im Hoody auf dem Bett und zockt auf seinem Handy.

»Hey, hattest du früher Schule aus?«

»Hey, Mom.« Fast hätte ich mir ausnahmsweise gewünscht, dass er mich mit »Digga« anspricht. Wegen des Coolness-Faktors. Aber »Mom« ist auch okay. Stellt meine Rolle klar. Denn mit der Geburt eines Kindes wird Frau automatisch zu *Mom von irgendwem*. Schreibe ich eine WhatsApp in eine der tausend Gruppen, die Eltern laufend frequentieren sollen, unterzeichne ich mit *Mama von Tim* oder *Mama von Joshi*. Die beiden kennt jeder, mich kennt keiner. Was neue, ungeahnte Möglichkeiten eröffnet. Mein *richtiger* Name ist irrelevant. Ich könnte mich jedes Mal anders nennen, Theodora oder Magnifica zum Beispiel, solange *Mama von Tim* druntersteht, würde das niemandem auffallen. Aber immer noch besser, als gar nicht mehr als irgendwer bezeichnet zu werden. »Mom« geht also klar.

»Hausaufgaben gemacht?«

»Später.«

»Geht's gleich zum Sport?«

»Jo.«

Ich werfe einen Blick nach draußen, wo es wie aus den fettesten Eimern überhaupt schüttet.

»Trotz des Regens?«

»Jupp.«

»Soll ich dich fahren?«

»Ich nehm das Rad.«

Okay, immerhin eine Aussage, die nicht bloß aus einem Wort besteht. Trotzdem macht mich die Antwort ein bisschen traurig. Früher fand ich es nervig, ständig Taxi spielen zu müssen. Doch es gehörte als Mama-Zweitjob eben dazu, genauso wie die ganzen anderen Bereiche, in denen die Jungs mich forderten. Nie hätte ich gedacht, dass mir dieses ganze Gerödel irgendwann einmal fehlen würde. Ich seufze. Wieder ein Beweis dafür, dass meine Söhne groß werden und mich immer weniger brauchen. Und wer bin ich dann noch? Flavia, *Frühere Mama von Tim*?

Zumindest sein Handy weglegen könnte Sohnemann trotzdem, um sich mit mir auszutauschen, finde ich.

Deswegen sage ich mit verstellter Stimme: »Alles klar, viel Spaß, *Bruda*«, und forme dabei übertrieben rappermäßig Zeigefinger und Mittelfinger beider Hände zu einem V.

Sohn schaut auf und verzieht gequält das Gesicht: »Das ist voll cringe, Mom!« Wenigstens habe ich jetzt seine Aufmerksamkeit. Er guckt mich sogar länger als zwei Sekunden an. Um mir nicht die Blöße zu geben, weil ich den Begriff *cringe* nicht kenne, verlasse ich kurz ohne weitere Erklärung den Raum und befrage Freund Handy. Wäre doch gelacht, wenn ich Sohn nicht redewendungsmäßig in die Tasche stecken könnte. »Angesagte Jugendwörter«, google ich. Davon gibt es erstaunlich viele. Anscheinend bin ich doch nicht mehr ganz so in wie angenommen. *Cringe* zum Beispiel bedeutet, dass man peinlich ist und der andere sich fremdschämt. Na warte! Ich nehme mir ein paar Minuten, um meinen Auftritt zu proben, und betrete erneut das Jungszimmer:

»Hey, Süßmo (süße Person)«, säusle ich, »Tschuldigom (Entschuldigung), wenn ich dich störe, aber es wäre echt voll nice (nett), wenn du nicht wie ein Smombie (Person, die von ihrer Umwelt nichts mitbekommt, weil sie nur auf ihr Handy schaut, Smartphone+Zombie) hier rumhocken würdest, sondern ganz papatastisch (fantastisch), cheedo (cool) und akkurat (zutreffend) deine Hausaufgaben erledigen könntest. Geht das fit für dich (geht klar)?« Lässig lehne ich mich an den Türrahmen. Gerne hätte ich noch demonstrativ mit offenem Mund auf einem Kaugummi gekaut, leider hab ich aber grad keinen zur Stelle.

Mein Sohn starrt mich an. Ob entsetzt oder bewundernd, kann ich nicht erkennen.

»Ich bin nämlich kein Lauch (Trottel), sondern ein ziemlicher Swaggernaut (extrem coole Person), weißt du? Aber no front (Erklärung, dass etwas nicht verletzend oder beleidigend gemeint ist), Digga. Ich küss dein Auge (Ich hab dich gern). Yolo (You only live once)!«

Mit diesem grandiosen Schlusswort verlasse ich den Raum. Berauscht von meinem großartigen Auftritt, der meinen Sohn sprachlos zurücklässt, wage ich mich in Kinderzimmer Nummer zwei.

Na ja, Kinderzimmer stimmt nicht mehr ganz, denn auch Joshi meint, bereits ein Teenager zu sein. Alles Kindliche musste deswegen in Schränken und Kästen verschwinden, obwohl es noch fleißig bespielt wird. Heimlich, wenn keine anderen Kinder gucken. An den Wänden hängen jetzt Poster von Skatern statt der farblich abgestimmten Bilder, die ich für Joshi ausgesucht hatte, als er klein war. Schon wieder ein Indiz dafür, dass die Zeit verrinnt. Jetzt werde ich doch ein wenig wehmütig. Ich setze mich auf Joshis Bett und lasse den Blick durch den Raum schweifen. Er kommt heute später nach Hause, hat er gestern verkündet, er hat ein Play Date mit einem Freund. Mich braucht er nicht, um dorthin zu kommen, genau wie sein großer Bruder ist Joshi mit dem Fahrrad unterwegs.

Da ruft es, das vielbesagte Loch, in das Mütter fallen, wenn sie merken, dass ihre Kinder langsam erwachsen werden. Ein dicker Kloß bildet sich in meinem Hals. Gedanklich haue ich mir fest auf die Finger. Jetzt bloß nicht melancholisch werden!

You only live once. *Aufforderung, alle Chancen auf Erlebnisse zu nutzen*, wie ich von Google erfahren habe. Sehr guter Ansatz. Vielleicht bietet das Nicht-mehr-so-sehr-gebraucht-Werden auch mehr Zeit und damit neue Chancen? Schließlich bin ich nicht *nur* eine Mom. Jetzt mal von den Chatgruppen abgesehen.

Ich bin auch eine Frau. Ein Individuum. Ein Mensch mit Träumen und Ideen und plötzlich mit mehr Zeit, die es zu füllen gilt. Ich habe Freunde, einen Job, ein Leben. Meine kinderlosen Freundinnen kommen ja auch irgendwie zurecht. Das Loch soll sich mal schön verpieseln, denn sonst werde ich es stopfen. Mit anderen Sachen. Vielleicht – mit einem neuen Hobby? Ich ziehe meine Krisenserviette hervor und schreibe als Punkt

☐ neues Hobby?

dazu.

Doch was könnte das sein? Ich überlege. Vielleicht irgendwas Verrücktes? Ich könnte mit Judo starten oder mit Kickboxen. Oder ich trete dem Fußballverein meines Sohnes bei. Ha, der würde gucken.

Der Kloß in meinem Hals hat sich doch glatt verkrümelt und macht einem breiten Grinsen Platz. Ich stelle mir vor, wie ich gleich am Fußballplatz ankomme und verkünde, dass ich mich angemeldet habe. Gut, ist eigentlich ein fast ausschließlicher Männerverein und die Mannschaften sind nach Alter gestaffelt, aber hey, man wächst mit seinen Aufgaben. Außerdem bin ich für Gleichberechtigung in allen Belangen. Geschlecht und Alter, alles wurscht. Als ich schon aufspringe, um meine Sportsachen rauszukramen, fällt mir der Regen wieder ein. Könnte ziemlich nass werden. Eine Schlammschlacht. Nicht mein Ding. Sollen die anderen sich doch …

»Mom?!«, schallt es plötzlich mitten in meine Gedanken hinein.

»Bin in Joshis Zimmer«, gebe ich zurück.

»Weißt du, wo meine Trinkflasche ist?« Tims verzweifelter Gesichtsausdruck lässt mein Mama-Herz höherschlagen.

Dieses riesengroße Ich-kann-mein-Zeug-nicht-finden-Problem kann eben nur eine lösen: ich, Flavia, die Mama von Tim.

Krisenfahrplan

☐ Lisa befragen
☐ Brief an Kosmetikfirmen
☐ Cremes ausprobieren
☐ neues Hobby?

DIE BLOCKFLÖTEN-EXORZISTIN

Um der Sache mit dieser möglicherweise vorhandenen Krise auf den Grund zu gehen, bedarf es einiger Vorüberlegungen. Denn bevor ich wirklich sicher bin, dass ich von einer solchen befallen wurde oder werde, gilt: Kenne deinen Gegner! Nur dann kannst du aktiv werden und die richtigen Maßnahmen ergreifen.

Was genau ist also eine Krise? Was macht sie aus? Und wie kann Frau sie besiegen?

Wikipedia zufolge ist eine Krise »im Allgemeinen ein Höhepunkt oder Wendepunkt einer gefährlichen Konfliktentwicklung in einem natürlichen oder sozialen System, dem eine massive und problematische Funktionsstörung über einen gewissen Zeitraum vorausging und der eher kürzer als länger andauert«.

Uff! Klingt ziemlich dramatisch. Auf die persönliche Lebensmittekrise bezogen würde das bedeuten, dass meine bisherige Lebenszeit eine *massive und problematische Funktionsstörung* war, die sich zu einer *gefährlichen Konfliktent-*

wicklung formte und zuletzt, also wahrscheinlich spätestens in zwei Wochen, in ihren Wendepunkt, die eigentliche Krise, mündet.

Wenn ich es mir richtig überlege, erscheint mir dabei die Krise selbst als das kleinste Problem. Denn die *massive Funktionsstörung*, also mein bisheriges Leben, war ja schon, ist also Vergangenheit. Kann doch also alles nur besser werden, auch wenn ich es ziemlich frech von Wikipedia finde, mein Leben so runterzuputzen. Mir war nämlich gar nicht bewusst, dass es einer *Funktionsstörung* gleichkommt. Aber immerhin: Eine Krise dauert laut Wikipedia eher kürzer als länger an, also eigentlich alles gut!?

Noch bin ich nicht überzeugt, es muss noch mehr dahinterstecken. Also lese ich gespannt bei Wikipedia weiter: Die sogenannte *Midlife Crisis* zählt angeblich zu den psychischen Krisen, das sind Konflikte innerhalb einer Person, die sich einer Problemstellung gegenübersieht, die sie nicht aus eigener Kraft mit den gewohnten Mitteln beheben kann.

Stimmt. Ich werde älter und kann das nicht verhindern.

Bei Wikipedia wird dann auch noch vorgeschlagen, dass bei geringeren psychischen Auswirkungen die Krisenbewältigung durch die Unterstützung von Familie und Freunden erfolgen und ansonsten auf Selbstheilungskräfte vertraut werden könne.

Diesen Punkt muss ich überdenken. Auf jeden Fall werde ich das mit meinen Freundinnen diskutieren. Inwiefern meine Familie mich durch die Krise leiten kann, ist fraglich. Schließlich sind meine Männer ja Teil der massiven Funktionsstörung. Man könnte also annehmen, dass sie zumindest eine Mitschuld an meiner Misere tragen.

□ Familie und Freunde um Hilfe bitten,

notiere ich trotzdem sicherheitshalber auf meiner Serviette.

Dann lese ich weiter, und siehe da, es folgt etwas Positives: In Krisen könnten, so Wikipedia, neue Fähigkeiten entdeckt oder »wiederbelebt« werden! Zum Beispiel künstlerische Fähigkeiten, unter anderem in der Musik …

Musik! Ich überlege. Das macht schon Sinn, irgendwie. Denn spontan fällt mir tatsächlich eine frühere Tätigkeit ein, die ich problemlos wiederbeleben könnte. Eine ziemlich todbringende Tätigkeit, die sicher auch die fiese Krise unumwunden zur Strecke bringen könnte.

Ich springe auf und spurte die Treppen runter in den Keller. Irgendwo muss doch noch …

Taddah! Da ist sie ja! Meine herzallerliebste Blockflöte aus Kindertagen. Vorsichtig wische ich das gute Stück an meiner Hose sauber und trage es wie einen Schatz auf beiden Handflächen balancierend nach oben ins Wohnzimmer. So ein Blockflötenresonanzkörper braucht schließlich Raum für seine Entfaltung.

Die miese Krise wird sich umgucken, ich war nämlich nicht gerade die begabteste Blockflötistin auf Erden. Als ich mein fettes Grinsen wieder unter Kontrolle habe, setze ich dieses wunderbare, kinder- und krisenquälende Instrument an, und …

Leider ist es nicht möglich, gleichzeitig Flöte zu spielen und sich die Ohren zuzuhalten. Aber es ist für einen guten Zweck, gedanklich die Lauscher zu und durch muss reichen.

»Mom, geht's noch?!« Joshi erscheint im Wohnzimmer, während ich mein Spiel zu seinem Höhepunkt steigere. Ein bisschen Spucke rinnt unten aus der Flöte. Aha, die Krise verflüssigt sich bereits. Sehr interessant. Sie ändert ihre Konsistenz von gedanklich zu speichelig. Tatsächlich fühle ich mich gleich viel besser. Völlig enthemmt haue ich ein quäkiges Liedchen nach dem nächsten raus, gerade rechtzeitig, denn aus dem Augenwinkel erkenne ich, dass Tim zu uns gestoßen ist. Gebannt lauscht mein zweiköpfiges fachsohnisches Publikum meiner heilbringenden Darbietung. Herrlich! Vielleicht sollte ich zukünftig meine Dienste als Krisenexorzist anbieten?

Hilfe in allen Lebenskrisen
Flavia, die Blockflöten-Exorzistin kommt gerne vorbei.
Rufen Sie mich an!

Eine dritte Person betritt die Tribüne. »Was ist denn das für ein schrecklicher Lärm?«, beschwert sich mein lieber Mann.

In einem fulminanten Finale beende ich meine improvisierte, schräge Version von *Bohemian Rhapsody,* lasse die Flöte sinken und atme mehrfach hochzufrieden tief ein und aus.

Dann halte ich die tropfende Flöte für alle sichtbar in die Höhe. »Krisenmanagement. Solltet ihr unbedingt auch mal probieren. Ich erklär's euch, wenn ihr wollt?«

Meine Mannschaft wechselt verunsicherte Blicke untereinander, bevor sie sich schnell und mit eingezogenen Köpfen wieder verzieht.

Ha, irgendwann kommen die angekrochen, spätestens dann, wenn die nächste Krise bevorsteht. Doch dann habe ich leider keine Zeit, mich mit ihnen zu beschäftigen, denn als die einzige Blockflöten-Exorzistin der Welt befinde ich mich auf Tournee durch die ganze Welt. Ich kann mich vor Fans kaum retten, alle liegen sie mir zu Füßen – denn wer außer mir weiß schon, wie man richtig fiese Krisen in den Griff kriegt?!

Als große künstlerisch begabte Psychiaterin benötige ich natürlich noch ein ordentliches Instrumenten-Repertoire.

❑ neues Instrument,

notiere ich also auf meiner Serviettenliste, und gedanklich auch noch Saxofon!!!, mit mehreren Ausrufezeichen dahinter. Das wollte ich nämlich schon längst mal ausprobieren …

Krisenfahrplan

❑ Lisa befragen
❑ Brief an Kosmetikfirmen
❑ Cremes ausprobieren
❑ neues Hobby?
❑ Familie und Freunde um Hilfe bitten
❑ neues Instrument

WER BRAUCHT SCHON EINEN PORSCHE?!

Um meinen Fragen rund um die Krisen dieser Welt noch näherzukommen, klemme ich mich hinter den Rechner. Die Krise an sich ist entlarvt, jetzt geht es der eventuell aktuellen Lebensmittekrise an den Kragen.

Seltsamerweise drehen sich die angebotenen Suchergebnisse meist um Männer und darum, wie Frau ihnen am besten behilflich sein kann:

Der Midlife-Crisis-Mann. Wie du ihn erkennst und unterstützt. [1]

Männer in der Krise. Symptome und Anzeichen. [2]

Männer in den besten Jahren. Von der Midlife Crisis zur gereiften Persönlichkeit. [3]

WTF?! Was zur Hölle soll das?! Haben Frauen etwa kein Recht auf eine richtig miese Krise? Wieso wird ihnen mal wieder nur die Rolle der Hilfeleistenden zugestanden? Handelt es sich in Wirklichkeit um eine reine Kerlekrise und wir Frauen bilden uns nur ein, dass bei uns irgendwas nicht stimmt? Oder verhält es sich bei der Lebensmittekrise ähnlich wie mit Krankheiten? Leiden Männer trotz gleicher Symptome einfach mehr darunter als wir Frauen? Vielleicht tun sie auch nur so, schließlich ist nicht bewiesen, dass sich Männer bei Krankheit und Co. nicht bloß mehr selbst bemitleiden und sich mehr hängen lassen als weibliche Personen.

Ich lese dazu in einem Artikel, dass von einer *Midlife Crisis* zwar beide Geschlechter gleichermaßen betroffen sein können, doch: »Männer machen in der Regel viel kompromisslosere Schritte in einer Krise als Frauen, weil sie zuvor mehr verdrängt, verschwiegen und verleugnet haben.[4]

Sie legen sich zum Beispiel risikoreiche Hobbys wie Fallschirmspringen oder Motorradfahren zu, geraten in einen Schönheitswahn oder landen sogar im Kloster.«

Echt jetzt?! Ist das Verdrängen und Verschweigen also eine bewährte Methode, um später so richtig fett kriseln und auf die Kacke hauen zu dürfen?

Es sind offensichtlich die Frauen, die sich zurückhalten und ihre Krise in den Griff kriegen, ohne großartigen Kollateralschaden zu verursachen. Sonst gäbe es doch mindestens genauso viele Artikel und Berichte über Frauen in der *Midlife Crisis* wie über Männer?!

Ich lese weiter. Begründet wird dieser Ansatz damit, dass Frauen ein größeres Netzwerk haben und sich generell auch über solche schwierigen Themen wie die Lebensmitte mit anderen Frauen austauschen. Männer dagegen machen alles mit sich selbst aus oder vielleicht noch mit der eigenen Partnerin.

Da haben wir's! Die eigene Partnerin soll seinen Mist ausbaden, während sie selbst ihren Mann mit ihrer eigenen Krise verschont und für sich alles eigenständig regelt.

Ich überlege. Mein Mann hat bisher nicht gekriselt. Jedenfalls nicht in meiner Gegenwart. Na gut, er hat sich schon ein paar Sneakers gekauft, die ich eher meinen Söhnen zuordnen würde, und er findet auch schicke Autos toll – doch das war schon immer so. Aber mein Mann ist auch gerade erst 40 geworden, vielleicht kommt das böse Erwachen noch?

Vielleicht schreckt er irgendwann hoch und denkt sich: »Oh, shit, ich hatte ja ganz verdrängt, dass ich altere! Jetzt aber ist es so weit, ich muss dringend so tun, als sei ich 20. Ich glaub, ich trenn mich jetzt von meiner Frau, stech mir 'nen Ohrring, schnall mir 'ne Halskette um, quetsche meinen Luxusbauch in ein schwarzes Rippshirt mit Totenkopf drauf, kauf mir einen fetten roten Porsche und zisch damit durch die USA, um dort meiner neuen, 19-jährigen Model-Freundin die Lippen aufspritzen zu lassen.«

Ja, so könnte es durchaus kommen. Ja, es ist ein verdammtes Klischee, aber es ist wahr. Und ja, eigentlich finde ich, dass Frauen auch in diesem Punkt gleichberechtigt sein sollten.

Ich würde also ungefähr in zwei Wochen aufwachen, mit dem Gedanken, dass es Zeit ist und ich jetzt unbedingt mal voll auf dicke jugendliche Hose machen muss. Nichts soll mehr so sein, wie es kurz zuvor noch war, sondern ich geh insgesamt auf Anfang. Ich tue so, als sei ich 20, nur eben mit mehr Kohle. Mit so richtig *viel* Kohle. Ich muss ja schließlich meinen neuen jugendlichen Lover damit beeindrucken.

Ich stehe also auf und verkünde, dass ich soeben beschlossen habe, für mindestens drei Monate unterwegs zu sein, Rückkehr insgesamt ungewiss. Ich quetsche mich vor den Augen meines perplexen Mannes in meine superteuren schwarzen Designer-Lederleggins, schlängle mich in ein hautenges Top, das rundum mit glitzernden Nieten besetzt ist, und schminke mich, bis ich aussehe wie ein Mitglied der Band Kiss. Meine Füße stecke ich in die ultrahohen geschnürten Stiefel, die ich mir vorsorglich extra für diesen Anlass zugelegt habe, und los geht's. Tschüssikowski Familienödnis, ich bin dann mal weg!

Mit meiner alten Karre düse ich zum Autoverleih, wo ich sie gegen den heißesten gelben Ferrari ever eintausche – wer braucht schon einen Porsche?! Gut, ein bisschen peinlich ist es schon, weil ich mit meinen hohen Schuhen laufe wie ein Elefant auf Stelzen, aber es ist mir schnuppe, was der Autoverleiher denkt. Hauptsache, er hält mich für hot und mindestens unter 22. Der Motor röhrt und ich fühle mich wie Wonder Woman, als die Karre losschießt und ich nur um ein Haar den nächsten Laternenpfosten verpasse. Eigentlich bin ich kein Freund von Schnelligkeit, schon gar nicht auf Straßen, und ich hasse es, wenn alle mich anglotzen, aber Frau wächst mit ihren Aufgaben. Und so düse ich mitten im Februar sonnenbebrillt durch die Stadt, mit dröhnendem Motor, AC/DC hämmert aus den Boxen, und ich gebe mir Mühe, die Blicke der Leute draußen zu genießen. Ich hupe sogar ein paar junge Kerle an, die vor mir den Zebrastreifen passieren, woraufhin sie mir zuzwinkern. Vielleicht wird einer von denen mein neuer Lover? Sieht ja ganz lecker aus, das Kerlchen da, ich wedle mal mit ein paar Scheinchen herum, darauf stehen die jungen Dinger ja ...

Bis plötzlich mein Handy klingelt. Joshi, zeigt mein Display. Kacke.

»Ja?«, frage ich genervt, nachdem ich AC/DC runtergeregelt habe.

»Hey, Mom, du musst mich abholen.«

Die schicken Boys da draußen laufen einfach weiter. Eigentlich ganz gut so, wie hätte ich sonst erklären sollen, dass ich jetzt leider sofort losmuss, meinen Sohn einsammeln, weil sich sein Fahrrad auf dem Nachhauseweg einen Platten eingefangen hat.

»Ich komme«, erkläre ich und verwerfe augenblicklich meinen Plan, die nächsten drei Monate *on the road* zu verbringen.

Mit einem Pling kündigt sich eine WhatsApp an:

»Wo bist du? Schreiben morgen Mathe. Check das nicht. Bin zu Hause. Tim.«

Ich seufze und lenke den Ferrari in Richtung Schule. Joshi ist begeistert, als ich vorfahre. Nicht ganz. Zunächst tut er so, als würde er mich gar nicht kennen. Na gut, kann schon sein, dass er wirklich nicht weiß, wer die Person am Steuer ist. Bin ja optisch tausendmal jünger als noch heute morgen, und auch das Auto ist ihm fremd. Erst als ich aussteige und seinen Namen rufe, nimmt er mich als seine Erziehungsberechtigte wahr. Ich werfe einen Blick in den sogenannten *Kofferraum* des Ferrari: kein Platz für ein Kinderfahrrad. Sehr ernüchternd.

»Mom!«, flüstert Joshi und sieht sich hektisch nach allen Seiten um. »Das ist so *cringe*!« Er springt ins Auto, haut die Tür zu, duckt sich, als würde auf uns geschossen, und: »Los, fahr! Schnell! Sonst sieht dich noch jemand!«

Ich seufze erneut, bevor ich sein Fahrrad draußen anschließe und zusteige. Kurz bevor wir zu Hause ankommen, fügt Joshi netterweise wenigstens hinzu: »Aber geile Karre. Wenn ich 20 bin, kauf ich mir auch so eine.«

Im Haus erwartet mich mein Mann.

»Na, hast du dich beruhigt?«, fragt er. Ich verdrehe die Augen. Frau hat einfach keine reelle Chance auf eine Flucht nach vorne während einer richtig miesen Krise.

Tim kommt die Treppe runter: »Mom! Wie siehst du denn aus?!« Abschätzig mustert er meinen jugendlichen Look.

Dann fällt Tims Blick auf das hautenge T-Shirt meines genauso gealterten Mannes. Vorne drauf prangt fett das Logo irgendeiner Rockband. »Wie unpassend«, denke ich und erschnuppere einen Hauch echte *Mid Man Crisis*.

Tim betrachtet seinen Vater eine Weile, dann nickt er anerkennend: »Cooles Shirt, Dad.«

Hallo, euer Ernst?!

Kopfschüttelnd begebe ich mich nach oben, um mich aus meinem heißen, aber unbequemen Dress zu schälen. Wieder in Jeans und Shirt hocke ich mich vor den Laptop.

Wie kommt es bloß, dass Männer in der Krise dermaßen übertreiben müssen? Die Antwort springt mir gleich ins Auge: *Frauen leiden, Männer suizidieren* – sagt die Psychologie. Da haben wir's. Der Mann, die Drama Queen.

Auf der Stelle nehme ich mir vor, meine Krise nicht einfach zu verleugnen. Ich habe sehr wohl ein Recht auf Krise. Ich werde sie sogar zelebrieren, nur eben nicht wie ein Mann. Sondern so, wie Frauen Probleme angehen. Erwachsen nämlich.

▢ richtig kriseln,

schreibe ich also auf meine Krisenserviette.

Erleichtert gucke ich aus dem Fenster. Mein Blick fällt auf den gelben Ferrari draußen in der Einfahrt. Morgen schicke ich den Herrn des Hauses los, um die Karre wieder abzugeben. Dann kann er damit unterwegs ein bisschen rumprotzen. Hab sie schließlich erkannt, seine Symptome. Ich nehme das natürlich ernst und unterstütze meinen armen, krisengebeutelten Midlife-Crisis-Mann. Dann kann er dem Verleiher auch gleich die fette Beule am Kotflügel erklären, die der achtlos vor Joshis Schule umherstehende Poller dem armen Ferrari zugefügt hat. Hoffe nur, dass der Autohändler dann nicht gleich *suizidiert* …

Krisenfahrplan

▢ Lisa befragen
▢ Brief an Kosmetikfirmen
▢ Cremes ausprobieren
▢ neues Hobby?
▢ Familie und Freunde um Hilfe bitten
▢ neues Instrument
▢ richtig kriseln

DIE MID MOM CRISIS, DER AUSGEBUFFTE ENDGEGNER

Wenn die wohlbekannte Lebensmittekrise also hauptsächlich – zumindest den Onlineportalen nach zu urteilen – für den Mann reserviert ist, dann gibt es für uns Frauen doch bestimmt eine eigene, spezielle Krise.

Und tatsächlich, es gibt sogar eine ganze Reihe von Krisen, die Frauen in ihrem Leben durchmachen, wie ich feststelle.

Da wäre zunächst einmal die Pubertät. Diese trifft jedoch Männer und Frauen gleichermaßen.

Die nächste mögliche Krise befällt nur Mütter. Der englische Begriff *Mom Life Crisis* bezeichnet sehr treffend, worum es sich handelt: das Erleben der Einschränkungen, sobald Frauen Mama werden. Heute auf gut Deutsch auch *Muttertät* getauft. Auch ich kann mich an diesen Lebensabschnitt *sehr* genau erinnern. Damals gab es keine Susanna, die mich davor gewarnt hat, wie es *wirklich* ist, ein Baby zu haben. Mama-Werden ist eine große Veränderung im Leben einer Frau. Die größte bisher, wie ich meine. Ich war darauf nicht vorbereitet. Frauen stolpern einfach so hinein und müssen dann gucken, wie sie klarkommen.

Tim war mein erstes Kind und wirklich wunderbar. Doch nachdem ich ihn gefühlte 200 Mal pro Nacht gestillt, gewickelt und umgezogen hatte, und mein Tagesinhalt sich bloß noch auf Dinge wie das Klappern mit dem O-Ball und das Füttern und Wegwischen von Bananen-Babybrei beschränkte, während mir ständig in einer Art Wachkoma die Augen zufielen, fragte ich mich eines Tages: »Ist *das* jetzt mein Leben? *Das* soll alles sein?« Die Tage ziehen sich ins Unendliche, zehn Minuten erscheinen wie eine Ewigkeit, wenn Frau sich plötzlich ausschließlich mit Trivialitäten beschäftigt. Klar, ich liebe meine Kinder über alles, trotzdem kommt es glatter Freiheitsberaubung gleich, wenn von einem Moment auf den anderen nichts mehr möglich ist, außer zu Hause ab fünf Uhr in der Früh Tritratrullalla-Gedöns von sich zu geben und mit buntem Quietschspielzeug herumzuwedeln.

Darüber hinaus wird man selbst stinkelangweilig. Es gibt aber auch einfach null Spannendes zu berichten über so einen Baby-Mama-Tag, selbst dann nicht, wenn sich ein erwachsenes Gegenüber in der gleichen Lage befindet. Die Gespräche beschränken sich meist auf den Windelinhalt, die Anzahl der geschlafenen Minuten und die Tonlage der vollführten Bäuerchen der kleinen neuen Erdenquälgeister.

Mutterschaft wirkt – leider auch heute noch – beruflich und privat ausgrenzend. Alles dreht sich nur noch ums Kind – als sei Frau plötzlich unsichtbar geworden. Kein

Wunder, dass manche Mütter aus eigener Kraft nicht mehr herausfinden aus dieser einschneidenden Phase. Sollte sich dieser Zustand zu einer unüberwindbaren Krise entwickeln, ist es wichtig, sich Hilfe zu holen, darüber zu sprechen und Gleichgesinnte zu treffen. Damit bin jedenfalls ich einigermaßen über die Runden gekommen. Diese sogenannte *Mom Life Crisis* habe ich also bereits überwunden.

Das alles scheint lange her, und doch wirkt die Veränderung nach. In allen Bereichen. Frau bleibt schließlich ein Leben lang eine geforderte Mama. Glauben wir zumindest. Doch stimmt das wirklich? Klar, wir werden immer die Mütter unserer Kinder sein, doch unsere Rolle verändert sich stetig. Wir werden mit der Zeit immer weniger gebraucht, die Kleinen nabeln sich ab. Wer nicht höllisch aufpasst, bleibt bei dieser Entwicklung auf der Strecke. Wehe der Mama, die nicht rechtzeitig vorsorgt, auf sich selbst guckt und neben dem Mama-Sein auch für ihre ganz eigenen Interessen einsteht.

Da ist sie also, die neue Krise. Und damit meine ich nicht die Lebensmittekrise, die Frauen wie Männer gleichermaßen trifft, einfach, weil Menschen eben unweigerlich altern, sondern ihren Nebenbuhler. Oder auch die Steigerung der Lebensmittekrise, sollten diese beiden Phasen zusammenfallen. Ich meine den ausgebufften Endgegner: die sogenannte *Mid Mom Crisis.*

Frauen, die sich – freiwillig oder gezwungenermaßen – dazu bereit erklären, den fordernden Job als Mama komplett oder zum Teil alleine auf sich zu nehmen, und deswegen zu Hause bleiben, sitzen in der Falle, wenn sie nicht ein Ass im Ärmel haben. Denn der Job als Mama zieht sich mit der Zeit langsam und unbemerkt zurück, flacht ab, verpufft. Die Aufgabe ist futsch, die *Berufsmama* wird arbeitslos. Ein Vakuum entsteht, das alles einsaugt. Nichts bleibt außer gähnender Leere.

Verliert Frau einen *normalen* Job, ist das kein Problem, schließlich gibt es ja tausend andere Stellen, die nur darauf warten, angetreten zu werden. Doch der umfassende *Mama-Job* ist einzigartig. Fest verbunden mit den eigenen, großartigen und unersetzbaren Kindern. Unmöglich, sich einfach eine neue Familie zu suchen und zu verkünden: »So, die meinen sind aus dem Gröbsten raus, jetzt kümmere ich mich mal um *euch*. Ab jetzt nennt ihr mich Mama!« Erstens wäre die wahre Mutter dieser Kinder sicherlich nicht einverstanden, und zweitens wäre es nicht das Gleiche.

Auch immer neue Kinder hinterherzuschieben, erfüllt nicht seinen Zweck. Wer hat schon Lust, tausendmal durch die Babyblues-Phasen zu kriechen?

Außerdem ist das Kinderkriegen rein körperlich auch nicht unendlich replizierbar, selbst in Großfamilien müssen die Frauen sich irgendwann damit abfinden, dass Schluss ist.

Das Vertrackte am langsamen Aufwachsen der Kinder ist, dass wir gar nicht merken, wie uns nach und nach unsere Verantwortungsbereiche entzogen werden. Im Gegenteil, wir freuen uns sogar über die zum Teil wiedergewonnene Freiheit. Beispielsweise kann ich mich noch ganz genau an den Moment erinnern, als die allerletzte Windel in den Abfall wanderte. Die pure Freude war das!

Ja, die fiese Krise weiß, was sie tut und wie sie uns an der Nase herumführt, dieses hinterhältige Miststück!

Deswegen ist es wichtig, die Gegebenheiten im Auge zu behalten. Zeit also für eine Aufstellung der Jobs, die ich als Familienmama schon ausgeübt habe oder immer noch ausübe, *unbezahlt,* wohlgemerkt, und auch nicht immer wertgeschätzt. Unter anderem bin und war ich:

- Einkäuferin
- Planerin
- Milchkuh
- Köchin
- Chauffeuse
- Taxifahrerin für fremde Kinder
- Strategin
- Generälin
- Lehrerin
- Ärztin
- Krankenschwester
- Raumgestalterin
- Kräuterhexe
- Überrederin
- Rettungsschwimmerin
- Fahrradfahrlehrerin
- Polizistin
- Schiedsrichterin
- Cheerleaderin
- Gemüse-an-den-Mann-Bringerin
- Ernährungsberaterin
- Schauspielerin
- Auswählerin von Fernsehprogrammen
- Verbieterin
- Buhfrau
- Spielgefährtin
- Lego-Aufbauhelferin
- Fußballspielerin Sturm und Torwart
- Nachhilfelehrerin
- Babysitterin
- Zahnärztin
- Dekorateurin
- Hauswirtschafterin
- Reinigungskraft
- Auskunftei
- Wahnsinniges Organisationswunder
- Verpackungsexpertin
- Alles-immer-auf-dem-Schirm-Haberin
- Friseurin
- DJane
- Urlaubsplanerin
- Elektrikerin
- Telefonistin
- WhatsApp-Groupie
- Künstlerin
- Problemlöserin
- Forscherin
- ...

Für die restlichen, nicht so coolen Jobs hier lieber ein paar wohlklingende englische Fachbegriffe:

- Vision Clearance Engineer (Fensterputzerin)
- Waste Removal Engineer (Müllfrau)
- Non-Profit Manager (Ehrenamtlerin)
- Listbroker (Adressensammlerin)
- Mystery School Visitor (Testerin in Schulen für Freundlichkeit, z. B. des Personals)
- Facility Manager (Hausmeisterin)
- Food Stylist (Nahrung bewerben und so zur Schau stellen oder verarbeiten, dass sie lecker aussieht, wirksam vor allem bei Gemüse aller Art)
- ...

Die Liste ist schier endlos. Mütter sind dauerbeschäftigte, unbezahlte Alleskönner. Und der eigentliche, wahre Non-Mama-Job ist hier noch gar nicht aufgeführt! Den sollte es auf jeden Fall noch geben, oder zumindest ein Hobby nebenher: eine Begabung, die sie hat und die ihr Spaß macht und aus der sie einen Job machen kann, der vielleicht ja auch noch gut bezahlt wird. Jede Frau hat mindestens eine oder auch ganz viele Begabungen, die sie nutzen kann, um sich ihre Träume zu erfüllen, und vor allem, um das Loch zu schließen, das mit dem Größerwerden der Kinder unweigerlich entsteht. Vielleicht ist es eine der Tätigkeiten aus der Liste, die ihr besonders viel Freude bereitet? Wir Moms sollten unsere Begabung finden, ausbauen und schauen, wohin die Reise führt. Wir machen dann einfach einen richtig schön glänzenden und bitte auch gut bezahlten Schuh daraus!

Meine Leidenschaft zum Beispiel ist das Schreiben. Das war mir nicht klar, bevor ich Mutter wurde. Erst der kinderbedingte Zeitmangel bewirkte ein Umdenken, mit der Folge, dass ich meinen vorigen Beruf an den Nagel hängte und die Autorin in mir hervorkramte. Aus Beruf wurde Berufung. Dieses Glück wünsche ich einfach jeder Frau. Wir alle haben es nämlich mehr als verdient, uns zu verwirklichen und uns mit den Dingen zu beschäftigen, die uns er- und ausfüllen, auch gleichzeitig mit oder nach dem aktiven Mutterdasein!

☐ **Berufung ausleben,**

liste ich also auf meiner Krisenserviette auf und überlege schon mal, welche der oben genannten Tätigkeiten ich mir schon jetzt nicht mehr geben möchte …

Krisenfahrplan

- ☐ Lisa befragen
- ☐ Brief an Kosmetikfirmen
- ☐ Cremes ausprobieren
- ☐ neues Hobby?
- ☐ Familie und Freunde um Hilfe bitten
- ☐ neues Instrument
- ☐ richtig kriseln
- ☐ Berufung ausleben

DIE KRISEN-GLEICHSTELLUNGS-BEAUFTRAGTE

Um sich besser im fiesen Krisengebiet zurechtzufinden und ein wenig Ordnung in die gefundenen Erkenntnisse zu bringen, bietet sich ein Schaubild an:

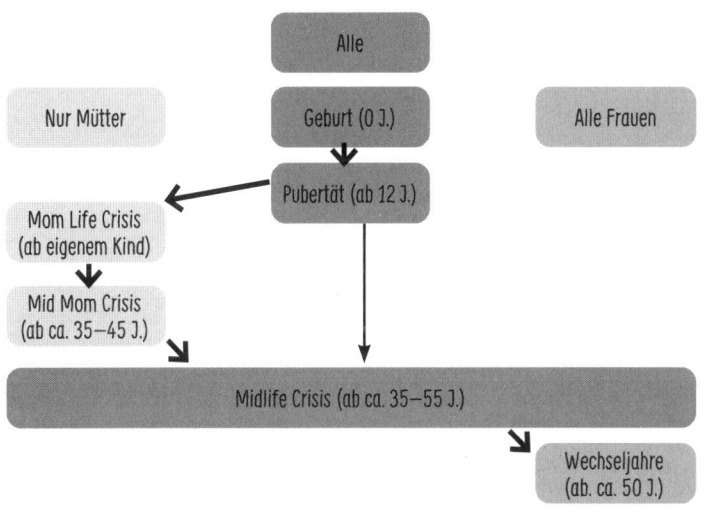

So, da haben wir es schwarz auf weiß: Frauen, vor allem Mütter, sind eindeutig krisengebeutelter als Männer. Warum zur Hölle müssen die Herren dann bitte so übertreiben während ihrer *Midlife Crisis*?

Die Antwort liegt auf der Hand: Männer sind einfach nicht krisenerprobt. Sie können keine einzige der oben aufgeführten Lebenskrisen ihr Eigen nennen. Selbst die zu ihren Gunsten vielbesprochene Lebensmittekrise steht – wie bereits gezeigt – uns Frauen genauso zu wie den Männern. Ein bisschen leid tut mir das schon. Schließlich ist es unfair dem Mann gegenüber, dass er keine einzige Krise nur für sich beanspruchen kann.

Deswegen habe ich mir eine zusätzliche Männerkrise ausgedacht. Sie sollte aus Fairnessgründen genau zu dem Zeitpunkt eintreten, in dem speziell Mütter zum ersten Mal meist einsam vor sich hin kriseln, also mit durchschnittlich 30 Jahren. So bleibt den Männern noch genügend Zeit, um Schlüsse aus diesem Lebensabschnitt zu ziehen und sich nach Überwinden dieser »neuen« Krise auf die bevorstehende *Midlife Crisis* einzustellen. Wir Frauen würden ebenfalls davon profitieren, wenn der Mann teilhat, denn wer braucht schon einen Kerl, der völlig hyperventiliert, alles hinschmeißt und sich plötzlich vom Acker macht, bloß weil er ab Mitte 40 auf einmal meint, sein erwachsenes Leben würde nicht mehr genügen?

Wie wäre es also zum Beispiel mit einer ordentlichen Patriarchenkrise? Dass wir in einem Patriarchat leben, ist kein Geheimnis. Doch wir Frauen rütteln daran. Das ist deutlich spürbar. Der Begriff des »alten weißen Mannes« ist längst auch bis zum letzten Hinterwäldler durchgedrungen. Frauenstimmen werden lauter, langsam, aber sicher bahnt die Gleichberechtigung sich einen Weg. Auch wenn wir längst noch nicht angekommen sind, wo wir hingehören, nämlich auf eine Ebene mit den Männern in *allen* Bereichen, so ist diese Entwicklung nicht zu leugnen. Deswegen wäre eine Patriarchenkrise aus meiner Sicht sehr sinnvoll. Männer wollen das Klischee vom »alten weißen Mann« selbst längst nicht mehr erfüllen. Im Gegenteil: Es soll bloß nicht an ihnen haften! Zu dieser Einsicht kommen die Herren in meiner Idealwelt spätestens in den 30ern, wenn sie – wider ihren Willen – auf dem besten Weg in diese unschöne Rolle sind. Auf einmal stellen sie fest, dass auch für sie das Leben kein Berufs-Ponyhof ist und sie ihren Beitrag leisten müssen, in allen Bereichen. Nicht nur im Job! *Das* kann schließlich jeder. Ja, das klingt hart, aber es hat ja auch niemand behauptet, dass so eine Krise leicht zu bewältigen ist. Da müssen die Herren wohl durch. Besser, sie wissen davon, dann können sie gleich hier und heute mit der Vorbereitung beginnen. Sie können sehr wohl beruflich zurücktreten und den Frauen mehr Raum gewähren für die eigene Weiterentwicklung. Was nicht bedeutet, dass sie dann nichts mehr zu tun hätten: Männer können sich mit ihrer Partnerin den Haufen unbezahlter Jobs teilen, der sich in jeder Beziehung ansammelt. Erst recht, sobald ein Baby auf der Welt ist. Die Männer könnten innehalten und rufen: »Ja, gib's mir, ich nehme sie gerne auf mich, die Einschränkungen, und auch meine daraus folgende *Dad Life Crisis*.« »Geteiltes Leid ist halbes Leid«, heißt es doch so schön und hält auch, was es verspricht, wenn beide, also Mann und Frau, während der anfänglichen Babyzeit gleichermaßen mit anpacken und aber auch durchatmen können. Ich denke, Paare, die diesen Weg bereits eingeschlagen haben, die also als gleichgestellte Partner in allen Lebenslagen auftreten, können das sicherlich bestätigen.

Zum Thema Gleichstellung kommt mir sofort die vielbesprochene *Frauenquote* in den Sinn. Es finden sich etliche Gründe für oder gegen eine solche Regelung, die Meinungen gehen auseinander und ein jeder möge für sich entscheiden, was er davon hält. Anlehnend an die Frauenquote wurden auch Stimmen laut, dass es entsprechend eine *Männerquote* geben müsse für die Berufe, in denen Männer unterrepräsentiert sind. Also in solchen, die meist schlechter bezahlt und weniger angesehen sind als andere männerlastige Berufe. Eine Männerquote sei nicht nötig, Männer müssten nicht besonders gefördert werden, lautete das Gegenargument. Auch das mag dahingestellt bleiben. In Sachen Haushalt und Kindererziehung aber bin ich eindeutig *für* eine Männerquote. Fifty-fifty wäre doch prima, ein Gewinn für alle Seiten.

Auf diesem Wege würden die Herren dann auch zusätzlich noch die zweite große Krise, die momentan als *Mid Mom Crisis* bei den Mamis landet, dazuerhalten und ebenfalls teilen können. Genial: zwei zum Preis von einer! Warum sollte es nicht so etwas wie eine *Mid Dad Crisis* geben? Wäre doch voll unfair, wenn manche Krisen dieser Welt ausschließlich nur uns Frauen vorbehalten blieben. Das Gleichgewicht würde sich niemals einpendeln, die Stimmung würde weiter kippen.

◻ **Mann mehr einbinden,**

schreibe ich auf meine Krisenserviette. Denn dafür ist es schließlich nie zu spät.

Das neue, von mir favorisierte Krisenschaubild würde im Ergebnis in etwa so aussehen:

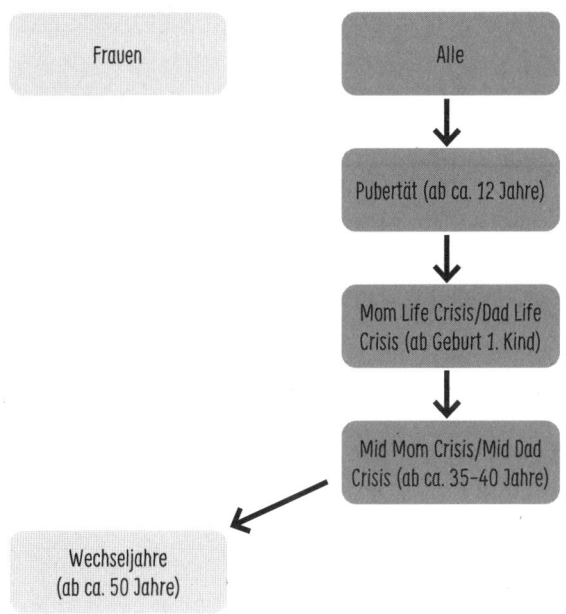

Nur für die Wechseljahre müsste mir noch etwas Kreatives einfallen, um die Herren dieser Welt gleichzustellen. Laut Internet gibt es zwar so etwas wie die »männlichen Wechseljahre«, der Rückgang der Hormonproduktion verläuft bei den Herren jedoch allmählicher als bei uns Frauen. Die meisten Männer bekommen gar nichts mit von ihrem sogenannten »Testosteron-Mangel-Syndrom«. Daher können Männer die Wechseljahre auch nicht als richtige Krise für sich beanspruchen. Aber keine Sorge, ich in meinem neuen

Job als Krisengleichstellungsbeauftragte arbeite schon fleißig daran ...

Krisenfahrplan

- ☐ Lisa befragen
- ☐ Brief an Kosmetikfirmen
- ☐ Cremes ausprobieren
- ☐ neues Hobby?
- ☐ Familie und Freunde um Hilfe bitten
- ☐ neues Instrument
- ☐ richtig kriseln
- ☐ Berufung ausleben
- ☐ Mann mehr einbinden

VOLL VERPARTNERT

Da ich nicht nur Mama, sondern zudem verheiratet bin, bietet es sich an, im Rahmen der Bestandsaufnahme auch die Beziehung zu meinem Mann näher in Augenschein zu nehmen.

Seit über zehn Jahren sind wir verheiratet, davor waren wir schon sechs Jahre ein Paar. So schwarz auf weiß ist das eine ganze Menge, finde ich, und klopfe mir gedanklich auf die Schulter. Schließlich ist es harte Arbeit, sich so lange auszuhalten und dabei auch noch den Familienwahnsinn zu überleben. Kinder stellen in einer Beziehung nämlich eine zusätzliche Herausforderung dar, wie die Wissenschaft herausgefunden hat, was bestätigt wird durch unseren Alltag. Bisher haben wir unsere Ehe trotz aller Widrigkeiten gut gemanagt.

Wobei ich das Wort *Ehe* am liebsten aus meinem Wortschatz streichen würde. Mein Unwort schlechthin. *Ehe* klingt so dermaßen öde, dass es kein Wunder ist, wenn sie häufig in die Brüche geht. Das Gleiche gilt nach meinem Empfinden für alle damit verwandten Begriffe wie *Ehefrau*, *Ehemann*, *Ehegatte* (ganz schlimm!), *Eheleute*, *Ehepartner* …

Das Wort *Ehe* suggeriert für die Betroffenen ein sinnlos vor sich hin vegetierendes Leben in Ketten. Mit der sogenannten *Eheschließung* geht es in den Beziehungsknast – oder gleich ohne Umweg in die Hölle. Überhaupt mutet das ganze Prozedere mehr als mittelalterlich an. Niemand kann versprechen, dass etwas *für immer* hält, es sei denn, er oder sie ist im Besitz einer äußerst zuverlässig funktionierenden Kristallkugel. Klar, der schöne Rahmen, das weiße Kleid und auch das Fest geben dem Ganzen einen romantischen, sehr verlockenden Touch, doch nüchtern betrachtet kann Frau das alles auch ohne Standesamt und Kirche haben.

Wer bitte hat sich diesen *Ehe*krams ausgedacht? Mir persönlich wäre das Wort *Lebenspartnerschaft* viel lieber. Ich könnte dann sagen, ich sei *voll verpartnert*, was im Gegensatz zu *verheiratet* irgendwie nach Party und guter Laune klingt.

Denn was zwei Menschen verbindet, ist doch eine Partnerschaft, und zwar eine, die möglichst aus freien Stücken ein Leben lang halten soll. Ohne finanzielle und gesellschaftliche Ketten. Die angeblichen Vorteile und *Rechte*, die eine Ehe mit sich bringen soll, haben sich Staat und Kirche ausgedacht. Würden diese Anreize wegfallen, würden Frauen vielleicht nicht so häufig die Ehe eingehen und damit möglicherweise weniger oft in die Abhängigkeit ihrer Männer geraten, sie hätten besser vor Augen, dass es wichtig ist, auch ein *Individuum* zu sein und sich um sich selbst und die eigene Absicherung – vor allem in finanzieller Hinsicht – zu kümmern. Selbst ist die Frau!

Denn wenn eine Ehe gelöst wird, endet dies meist böse. Das Wort *Scheidung* spricht da für sich. Mit Sicherheit wurde es absichtlich gewählt, um Angst und Schrecken zu verbreiten.

Trotz allem sind mein Mann und ich seit langer Zeit ein klassisches *Ehepaar*. Wir übernehmen Verantwortung füreinander und für unsere Kinder. Gut, das würden wir sicherlich auch machen, wenn wir nicht verheiratet wären. Nun, da er nun mal mein *Ehemann* ist, sollte ich ihn auf jeden Fall in meine Überlegungen miteinbeziehen und zum Thema Krise befragen, was ich auch gleich in die Tat umsetze:

»Glaubst du an so etwas wie eine Lebenskrise?«

Mit großen Augen sieht er mich an. Er muss erst überlegen, ob das eine Falle ist, in die er tappen könnte. »Glaubst du, ich habe eine?«

Unwillkürlich wandert mein Blick an ihm herunter. Anzeichen gibt es schon, wie bereits vorher festgestellt, aber in diesem Gespräch soll es nicht um ihn gehen. »Das war eine allgemeine Frage«, entgegne ich deswegen.

»Steckst *du* in einer Krise?«, lotet er seinen Spielraum weiter aus.

»Glaube, noch nicht.« Das ist die Wahrheit. »Ich könnte aber bald krisös werden.«

»Inwiefern?« Schweißperlen treten auf seine Stirn.

»Das möchte ich ja von dir wissen«, erkläre ich. »Geraten wir in eine Krise? Als Paar oder vielleicht einzeln?«

»Hast du etwa eine Affäre?« Entsetzt blickt er mich an.

»Nein, du?« Erschrocken starre ich zurück. Es kommt ja vor, dass die Herren dieser Erde gerne mal von sich auf andere schließen.

»Quatsch!« Mein Mann schüttelt entschieden den Kopf.

»Gut. Also keine Affäre. Und auch keine Krise.« Damit wäre das geklärt.

»Aber du sagst mir Bescheid, wenn ich mich komisch krisig verhalte, in Ordnung?!«, fordere ich ihn auf.

»Oookaaaayyyy?« Mein Mann zieht die Augenbrauen hoch. Ihm schwant schon Böses, deswegen klopfe ich ihm beruhigend auf die Schulter und murmle, während ich auf seine grenzwertigen Sneakers deute: »Schöne Schuhe, übrigens …« Mit diesem Denkanstoß lasse ich ihn stehen.

Zurück am Schreibtisch lese ich zum Thema:

»Durchlebt der Partner eine Midlife Crisis, kann eine Trennung aus unterschiedlichen Gründen erfolgen. Vielleicht spielt sich der andere derart unerträglich auf, dass es nicht auszuhalten ist. Der Drang, noch einmal jung sein zu wollen, kann dann zur Belastung werden. Vielleicht kommen durch die Midlife Crisis auch schlichtweg Zweifel an der eigenen Ehe auf.«[5]

Auf meiner Krisenserviette notiere ich also:

☐ **Mann im Auge behalten**

und

… mich nicht unerträglich aufspielen

Nach kurzem Überlegen füge ich noch ein

… oder auf jeden Fall …

hinzu. Schließlich weiß ich noch nicht, was die Krise für mich genau bedeutet, und ich möchte mich nicht vorher schon einschränken in meinen möglichen Antikrisenreaktionen.

Die Frage ist außerdem, was denn aus so einer Ehe wird, wenn die eigenen Kinder ausgezogen sind. Dann muss sicherlich eine – hoffentlich von äußeren Einflüssen unabhängige – Entscheidung getroffen werden: Entweder das Paar trennt sich oder es bleibt zusammen. Paare, die auch den anstehenden Lebensabschnitt gemeinsam verbringen möchten, müssen sich wahrscheinlich neu definieren. Schließlich dreht sich nicht mehr alles um die Kinder oder um die Organisation der nächsten Ferien. Das Paar schwirrt um sich selbst. Wie in alten Zeiten, als es noch jung und frisch verliebt war. Nur, dass jetzt die Zeiten neu und die Paare, na ja, *alt* im Sinne der Definition und nicht mehr ganz so frisch in love sind.

Damit ein Paar nicht kalt erwischt wird von der ungewohnten Situation, wäre es hilfreich, wenn es nicht einfach abwartet, bis die Kinder sich verabschieden, sondern die beiden sollten sich besser selbst proaktiv von den Sprösslingen abnabeln. Gemeinsame Unternehmungen und Urlaube ohne Kinder sind nämlich nicht nur wichtig, sondern für jede Beziehung in jeder Lebenslage überlebensnotwendig. Ha, wäre doch gelacht, wenn die Kinder uns in Sachen Eigenständigkeit zuvorkommen würden. Nichts leichter also als das:

»Papa und ich gehen heute Abend essen«, rufe ich genau jetzt lautstark durch das ganze Haus, damit unsere Abnabelung öffentliches Gehör und Anerkennung finden kann. »Und morgen und übermorgen auch, und am Wochenende gehen wir zu zweit wandern und in den nächsten Ferien kommen eure Großeltern, während wir, also euer Papa und ich, mal ganz entspannt ans Meer fahren. Zum Surfen. Und Yoga machen. Und vielleicht lernen wir da auch eine geheime Sprache, eine, die ihr kleinen Kinderlein nicht beherrscht, und dann können wir uns unterhalten, auch am Tisch, über euch, ohne dass ihr uns versteht – genial, oder?«

Niemand antwortet, außer das Hausecho, was ich jetzt mal so deute, dass meine Ansage von allen Seiten uneingeschränkt abgenickt wurde. Stolz klopfe ich mir auf die Schulter. Läuft, die Sache mit der *Partnerschaft*!

Krisenfahrplan

- ☐ Lisa befragen
- ☐ Brief an Kosmetikfirmen
- ☐ Cremes ausprobieren
- ☐ neues Hobby?
- ☐ Familie und Freunde um Hilfe bitten
- ☐ neues Instrument
- ☐ richtig kriseln
- ☐ Berufung ausleben
- ☐ Mann mehr einbinden
- ☐ Mann im Auge behalten
- ☐ mich nicht unerträglich aufspielen … oder auf jeden Fall …

DIE U-KURVE
DES GLÜCKS

Um der Krise möglichst effektiv entgegenzuwirken, ist auch unbedingt erforderlich zu wissen, wo genau man sich im Krisenverlauf befindet. Praktischerweise haben sich ein paar Wissenschaftler bereits mit diesem Thema beschäftigt, zumindest, was das Erreichen der Lebensmittekrise angeht. Mit Sicherheit wurde dabei nicht zwischen den einzelnen Krisen unterschieden, für die spezielle Mid Mom Crisis existiert kein solches Schaubild. Da sich aber die beiden Krisen zeitlich wenigstens überschneiden dürften, gehe ich mal davon aus, dass die Ersteller der Kurve die Daten zur Gefühlslage während der Mid Mom Crisis in ihr Schaubild automatisch hineingerechnet haben.

Dabei herausgekommen ist die sogenannte *U-Kurve des Glücks*. Unsere Lebenszufriedenheit unterteilt sich danach in drei Abschnitte: Als Kinder sind wir sehr glücklich, danach nimmt die Zufriedenheit allmählich ab, um letztendlich erneut anzuwachsen.

Die sieht zum Beispiel so aus:[6]

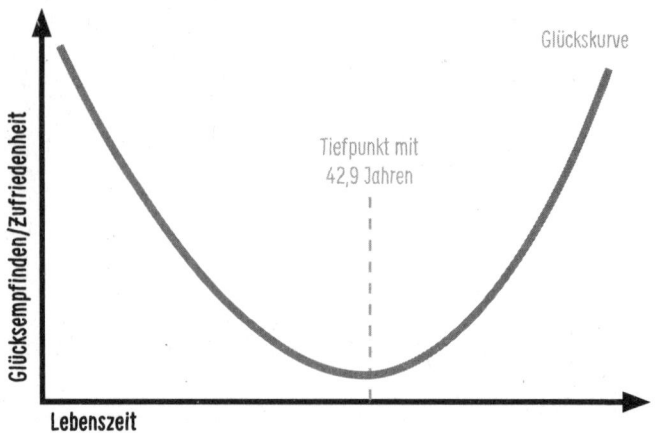

Natürlich ist beim Tiefpunkt die Altersangabe nicht in Stein gemeißelt. Dieser kann genauso gut in den 30ern vorkommen oder in den 50ern. Das ist individuell. Halte ich mich aber an die obige Abbildung, erreiche ich den persönlichen Tiefpunkt meiner Zufriedenheit wahrscheinlich in genau 2,9 Jahren. Gut, kann ich mit leben, schließlich bin ich bereits dabei, mich vorzubereiten. Was mich aber wirklich schockiert, ist, dass das Glücksempfinden von der eigenen Geburt an stetig *abnimmt*. Ein Fakt, den wir besser geheim halten sollten, denn wer mag schon dauernd darüber nachdenken, dass er morgen unglücklicher sein wird, als er heute ist? Überhaupt behagt es mir nicht, mich in so eine Grafik quetschen zu lassen. Sie stellt bloß den Durchschnitt dar, und den muss ich nicht repräsentieren. Nein, ich bleibe dabei, mein bisheriges Leben war nicht übel. Es war sogar ziemlich toll und ich befinde mich *nicht* auf dem absteigenden Ast. Ich wäre sogar dagegen, die Zeit zurückzudrehen. Obwohl ich mich – laut Grafik –

fast am Tiefpunkt befinde, möchte ich nicht unbedingt noch mal Mitte 30 sein. Mann, was war das anstrengend mit Säugling! Nicht mal allein aufs Klo gehen konnte ich. Die Müdigkeit, die Unfreiheit und die bekleckerten Klamotten – das brauche ich alles nicht mehr. Dagegen fühle ich mich heute viel ausgeglichener. Ich trage wieder Bikini statt Baby. Ich weiß, wer ich bin und was ich will. Na ja, ähm, in großen Teilen zumindest.

Dagegen passt mir die zweite Kurvenhälfte ziemlich gut in den Kram. In der zweiten Hälfte, da werde ich performen, Leute! Ab 42,9 werde ich kurvenmäßig so im Durchschnitt sein, verlasst euch drauf. Denn da geht's – wer hätte das gedacht? – aufwärts! Pro Altersjahrzehnt nimmt laut Forschung die Zufriedenheit um circa fünf Prozent zu. Mit 100 bin ich dann sowas wie die Super-Power-Glücks-Lady schlechthin, da zieht's den 20-Jährigen glatt die Socken aus.

»Achtung, Talfahrt, Mädels!«, werde ich ihnen zurufen, den armen jungen Leuten, wenn sie mich über die Straße hupen, und ich werde ihnen verschwörerisch von dem mir netterweise überlassenen Sitzplatz in der S-Bahn aus zuzwinkern. Denn dann weiß ich Bescheid über das Leben, dann bin ich im wunderbaren Glücksjenseits angekommen. Ich bin dann weise. Und ihr seid dumm und unbedarft. Ha! So schaut's aus. Und die paar Falten, die ich bis dahin zusätzlich angesammelt habe, sind mir dann ebenfalls total egal. Was ist schon ein tolles Aussehen gegen die absolute Glückseligkeit?

Leider springt mich nach weiterem Gegoogele auch noch diese Grafik an:[7]

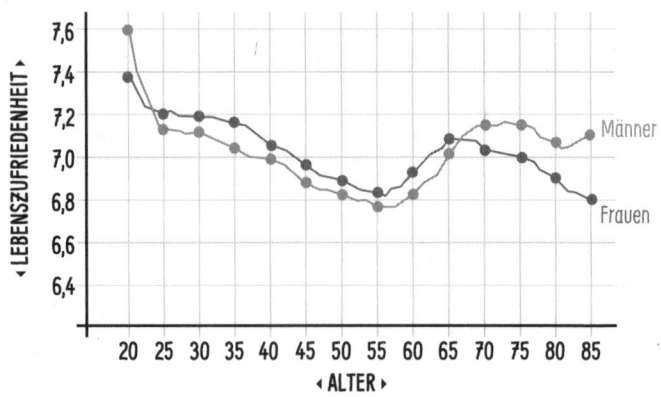

U-FÖRMIGE GLÜCKSKURVE
LEBENSZUFRIEDENHEIT DER DEUTSCHEN NACH ALTER

Schnell kneife ich die Augen zusammen, doch der Eindruck bleibt. Kann aber nicht stimmen. Warum zur Hölle sollten Frauen im späteren Alter unglücklicher werden als Männer? Sie leben doch bekanntlich länger, sie ernähren sich meist gesünder und sind geselliger. Die Leute, die diese Kurve erstellt haben, müssen sich irren. Hat bestimmt ein Mann gezeichnet, diese Darstellung. Es heißt schließlich *U-Kurve* des Glücks, nicht Kritzelkratzel-Kurve. Männer konnten ja bekanntlich noch nie genau und ordentlich zeichnen. Ich für meinen Teil werde mich lieber an der ersten Darstellung orientieren. Wir können die Dinge nämlich ändern. Frauen sollten zusammenhalten und sich nicht unterkriegen lassen von solch verallgemeinerten Kurvenwerten. Also neuer Plan und Spiegelstrich auf meiner Krisenserviette:

☐ Beeinflussung der U-Kurve

Was aber schon mal feststeht, ist, dass ich mich kurz vor dem Wendepunkt befinde. Vor dem absoluten Krisentief. Es lohnt sich, die Augen nicht davor zu verschließen, sondern gut gelaunt und bis an die Zähne bewaffnet hindurchzumarschieren, denn: Danach geht's aufwärts, Mädels! Also: Wo bist du, Mid Mom Crisis? Du bist nämlich mein nächster unmittelbarer Sparringspartner …

Krisenfahrplan

- ☐ Lisa befragen
- ☐ Brief an Kosmetikfirmen
- ☐ Cremes ausprobieren
- ☐ neues Hobby?
- ☐ Familie und Freunde um Hilfe bitten
- ☐ neues Instrument
- ☐ richtig kriseln
- ☐ Berufung ausleben
- ☐ Mann mehr einbinden
- ☐ Mann im Auge behalten
- ☐ mich nicht unerträglich aufspielen … oder auf jeden Fall …
- ☐ Beeinflussung der U-Kurve

AFFIRMATIONEN

Als Frau fühle ich mich oft von allen Seiten ungefragt bewertet: »Die ist zu dick; die ist zu dünn; die ist aber sehr gealtert; hast du gesehen, wie die angezogen ist?!« Alles Beispiele für Sätze, die uns auf die Frauen in unserem Umfeld bezogen überall begegnen. Selten erlebe ich, dass Männer auf diese Weise beurteilt oder sogar öffentlich bekrittelt werden.

Auch unsere Kinder schrecken nicht davor zurück, uns an ihrem ungefilterten Feedback teilhaben zu lassen. Je älter die Nachkommen werden, desto schärfer kritisieren sie. Am liebsten ihre liebe Frau Mama.

»Was hast du denn da an, Mom? Ist das etwa eine Schlafanzughose?« Joshi beäugt kritisch meine neue ultraangesagte Pluderhose.

Oder: »Echt Mom?! *So* willst du losgehen?« Tim gefällt mein Make-up nicht.

Und auch mein Verhalten im Alltag findet keinen Anklang. Ich bin aussätzig. Ein Zombie, den es zu ignorieren gilt. Besonders vor den Freunden meiner Söhne wird kein gutes Haar an mir gelassen. Ständig müssen die Jungs sich von mir und meinem angeblich oberpeinlichen Verhalten abgrenzen.

Im familiären Umfeld bin hauptsächlich ich es, die im Fokus steht. Mein Mann scheint – vielleicht auch dank häufiger Abwesenheit – fein raus zu sein, und es wäre sicherlich nicht anders, hätte ich Mädchen statt Jungs. Keine Ahnung, woran das liegt, und wahrscheinlich kann ich nicht kurzfristig etwas daran ändern, wie die Welt tickt. Wenn meine Jungs mir also zurufen, wie Banane ich doch bin, nur weil ich mal einen neuen knalligen Lippenstift ausprobiere oder ihren Freunden ein Kompliment zu ihrem Outfit mache, dann ist das eben so.

Was ich aber ändern *kann*, ist mein *eigenes* Verhalten. Ich kann versuchen, mich mit Urteilsbekundungen anderer gegenüber zurückzuhalten.

Und: Ich kann mich als Person stärken, indem ich mich *selbst* beurteile. Denn wer kennt mich schließlich besser als ich? Wer weiß sonst Bescheid über alle Hintergründe meines Agierens, über mein Denken und meine Erlebnisse, wenn nicht ich?

Damit also negative Beurteilungen zukünftig an mir abprallen und die daraus abgeleiteten Erwartungshaltungen mich kaltlassen, ist es wichtig, das eigene Selbstbewusstsein zu stärken. Mir muss es schlicht piepegal sein, was andere denken und sagen. Schließlich muss nur *ich* mir gefallen, *ich* muss mich mögen. Niemand sonst muss es den ganzen Tag, ja, ein ganzes Leben lang mit mir aushalten, außer ich selbst. Es ist schließlich *mein* Leben, es sind *meine* Werte, und *nur ich* darf darüber bestimmen.

Natürlich zählt auch, wie ich mich nach außen verhalte, wie ich meinen Kindern begegne und der Umwelt da draußen. Doch darin liegt kein Widerspruch. Ich mutiere nämlich nicht zum ätzenden Egoisten, wenn ich mich selbst wahnsinnig wichtig nehme, sondern im Gegenteil: Sobald ich meinen Wert kenne und mich als Person im Positiven stärke, kann ich auch einen Beitrag leisten zu guter Stimmung in allen Lebenslagen. Zum Beispiel kann ich bei der Erziehung meiner Kinder ausgeglichen und authentisch ein viel besseres Vorbild sein.

Ich frage mich also: Was *möchte* ich? Und leite daraus positive Glaubenssätze ab, sogenannte Affirmationen, die ich mir bestenfalls laut und deutlich vorsage.

Im Netz finde ich eine ganze Reihe an möglichen Glaubenssätzen und auch ganze Bücher für Mamas in allen erdenklichen Sphären zu diesem Thema. Mal geht es darum, Schuldgefühle, die jede Mutter schon empfunden hat, loszuwerden, mal geht es schlicht um Selbstfürsorge. Wobei alle Richtungen in einen Topf gehören.

Ich lese ein bisschen und stelle mich dann vor den Spiegel. Es wird empfohlen, sich selbst anzulächeln, also komme ich dem nach. Bekloppt, irgendwie. Aber was soll's. Sieht ja keiner.

»Ich bin eine Bereicherung für meine Familie und meine Freunde«, sage ich laut und zwinge mich weiterzulächeln. Mensch. Wie albern. Es fühlt sich komisch an, sich selbst zu loben. Und auch noch laut. Denn Eigenlob stinkt schließlich, nicht wahr?! – Nein, tut es nicht! Eigenlob *duftet*. An dieser Stelle ertappe ich mich und mein in solchen Sachen noch ungeübtes Mindset. Was soll daran schlecht sein, sich selbst ein bisschen mit Komplimenten zu überschütten?

»Ich bin eine tolle Mama!«, rufe ich jetzt schon ein wenig selbstbewusster heraus. Was mein Lächeln tatsächlich in ein Strahlen verwandelt. Geht doch!

»Ich darf mich um mich selbst kümmern und mir die Zeit für mich nehmen, die ich brauche.« Gefühlt bin ich gerade zehn Zentimeter gewachsen.

»Ich behandle mich gut, weil ich ein toller Mensch bin.« Entschieden nicke ich mir zu. Recht hab ich!

Selbstbestärkung tut einfach gut, wie ich gerade merke. Schnell schnappe ich mir einen Stift und notiere die Sätze, die ich soeben aus dem Stegreif produziert habe. Die werde ich mir jetzt jeden Morgen vorsagen, beschließe ich, und bin stolz, wieder etwas dazugelernt zu haben.

»Mama«, ruft es von unten. Joshi reißt mich aus meinem Self-care-Programm. »Mama! Ich kann das nicht!«

Eine Etage tiefer hängt Joshi über seinen Mathe-Hausaufgaben.

»Das ist voll schwer. Ich kapier das einfach nicht«, jammert mein Sohn mit schmerzverzerrtem Gesicht.

»Komm mal mit«, fordere ich ihn auf und führe ihn zu seinem Erstaunen ins Bad.

»Stell dich so hin.« Ich baue mich vor dem Spiegel auf und strahle ihn von hinten an. »Und lächeln, bitte.«

Joshi verzieht erst das Gesicht, entscheidet sich dann aber fürs Mitmachen. Alles ist schließlich besser, als Mathe zu büffeln.

»Sprich mir nach.« Ich hole tief Luft und werfe meinem Jüngsten über den Spiegel hinweg einen aufmunternden Blick zu. »Ich bin richtig, wie ich bin.«

»Hä?« Verzweifelt sieht Joshi sich auf der Suche nach einem Fluchtweg um.

»Nicht denken, einfach machen«, befehle ich, weiter lächelnd.

»Ich bin richtig, wie ich bin«, jault mein Sohn gequält. »Kann ich jetzt gehen?«

»Ich bin stark.« So einfach kommt er mir nicht davon.

»Ich bin stark«, wiederholt Joshi, jetzt schon etwas fester in der Stimme.

»Ich lerne gerne.« Hartes Brot für einen Zehnjährigen, aber er lässt sich nichts anmerken.

»Ich lerne gerne.«

»Ich kann viele Sachen gut«, fahre ich fort, was Joshi jetzt ebenfalls mit einem Lächeln auf den Lippen nachspricht.

»Ich glaube an mich.« Er richtet sich sichtlich auf: »Ich glaube an mich.«

»Mein Leben ist großartig.«

»Mein Leben ist großartig.« Dieser Satz schallt richtig aus meinem großen kleinen Sohn heraus, so kräftig und energiegeladen, dass es mir vor Rührung fast die Tränen in die Augen treibt. Und als er mir dann noch ein kleines »Danke, Mami, ich glaub, ich krieg das jetzt hin mit Mathe« zuhaucht, ist es um mich geschehen.

»Ich bin eine tolle Mutter und habe wunderbare Söhne großgezogen«, flüstere ich mir selbst zu, kaum, dass Joshi das Bad verlassen hat.

☐ Affirmationen,

notiere ich auf meiner Krisenserviette und lasse meinen Glückstränen gerne freien Lauf.

Krisenfahrplan

☐ Lisa befragen
☐ Brief an Kosmetikfirmen
☐ Cremes ausprobieren
☐ neues Hobby?
☐ Familie und Freunde um Hilfe bitten
☐ neues Instrument
☐ richtig kriseln
☐ Berufung ausleben
☐ Mann mehr einbinden
☐ Mann im Auge behalten
☐ mich nicht unerträglich aufspielen ... oder auf jeden Fall ...
☐ Beeinflussung der U-Kurve
☐ Affirmationen

TEURES TEUFELSZEUG

Kommen wir zurück auf die Punkte, die ich mir seit dem Treffen mit Susanna auf meiner Krisenserviette notiert habe.

Lisa ist noch nicht wieder da von ihrem Trip, deswegen stelle ich sie zunächst zurück.

Aber: Juhu, meine Kosmetitbestellung ist angekommen, ich kann also mit meinen Tests diesbezüglich starten. Um mir nicht unnötigen Stress zu machen, habe ich mich statt auf die empfohlenen sieben Produkte auf vier Stück konzentriert: ein Peeling als Reinigung vorab, eine »Anti-Wrinkle-Creme« zur Reduzierung von Mundfalten und Krähenfüßen, ein Collagen-Shampoo mit Antiplatteffekt und eine Haarmaske mit Goldschimmer.

Angeblich fehlen der Haut ab etwa 40 Jahren wichtige Bestandteile, sie kann Nährstoffe nicht mehr so gut aufnehmen. Daher enthalten die gängigen Antifaltencremes so tolle Sachen wie Hyaluron, Retinol, Q10, Vitamin C oder Soja.

Soja?! Das scheint ja die Lösung für alle Lebenslagen zu sein: Du isst kein Fleisch: Iss Tofu. Du hast ein Problem mit Milch: Trink Soja. Du verzichtest auf Salz: Verwende Sojasauce. Du siehst scheiße aus: Creme dir Soja ins Gesicht.

Retinol sagt mir dagegen nichts, muss ich googeln. Das Internet erklärt: »Retinol gehört zur Gruppe der Retinoide und zählt zu den Vitamin-A-Derivaten.« Ah! *Jetzt* ist alles klar! Nein. Aber dies hilft: »Bei Retinol handelt es sich um eine aktive und sehr wirksame Form von Vitamin A.« Retinol ist also Vitamin A, das nicht faul rumhängt, sondern arbeitet. Leider fällt mir auch der nächste Absatz ins Auge, der die Frage aufwirft, wie *schädlich* Retinol eigentlich ist. Und es ist anscheinend *sehr* schädlich: Die Verwendung kann zu einer sogenannten supergefährlichen »Hypervitaminose« führen.

Ha! Da ist er, der Beweis, und Kinder wussten es schon immer: Zu viele Vitamine sind schädlich! Hier steht es, schwarz auf weiß: »Bei akuter Überschreitung der erlaubten Mengen können Übelkeit, Kopfschmerzen und Erbrechen auftreten, bei chronischer überhöhter Aufnahme sind trockene Haut und aufgeplatzte Lippen, Haarausfall, Knochen- und Muskelschmerzen sowie Lebererkrankungen möglich.«

Brokkoli, Karotten und Stangensellerie, eure Tage sind gezählt! Zumindest, wenn ich meinen Kindern verrate, was ich soeben herausgefunden habe über das liebe Vitamin A. Da es sich dabei jedoch gleichzeitig um ein lebenswichtiges Vitamin handelt, werde ich schön meine Klappe halten und meine Kinder weiterhin der Gefahr einer »Hypervitaminose« aussetzen. Warum sollte ich auch die Einzige in der Familie sein, die an trockener Haut und Haarausfall leidet?

Weiter im Text. Vitamin C ist klar. Die Cremes wurden wohl mit Zitronensaft oder Ähnlichem angereichert.

Hyaluron ist laut Google eine Säure, die als Bestandteil des Bindegewebes Wasser speichert und damit hautstraffend wirkt. Leuchtet ein. Fülle ich eine Rille mit Wasser und saugt sich die Haut darunter mit dem Wasser voll, ist die Rille weg.

Q10 wird auf Wikipedia folgendermaßen erklärt: »Ubichinon-10 (auch UQ von englisch Ubiquinon, oder Q-10 oder Coenzym Q10) ist ein Chinon-Derivat mit lipophiler Isoprenoid-Seitenkette, strukturell verwandt mit Vitamin K und Vitamin E. Die reduzierte, phenolische Form wird Ubihydrochinon oder Ubichinol (kurz QH2) genannt. Ubichinon-10 gehört zu den Ubichinonen.«

Jetzt ist alles klar, oder?! Die Erde ist in Gefahr. Der Einmarsch der Ubichinonen steht unmittelbar bevor. Aber keine Angst, irgendwo habe ich auch gelesen: Q10 schützt als Fänger freier Radikale die Zellen. Dann ist es also was Gutes und unbedingt wert, in Cremes gebunden großflächig auf Menschenhaut gestrichen zu werden.

Rein optisch machen alle Produkte richtig was her. Fast könnte man meinen, die Verpackungen sind teurer als ihr Inhalt. In mehrere Schichten edler Folien und reich bedruckter Pappe gewickelt mutet das Gesamtpaket an wie diese russischen Matroschkapuppen, in deren Bäuchen immer noch eine weitere Figur zu finden ist. Hat Frau sich aber einmal durchgekämpft, gibt's als Belohnung einen winzigen Behälter mit goldener Schrift auf vornehmem Milchglas.

Nachdem ich jetzt inhalts- und verhüllungstechnisch voll auf der Höhe bin, wende ich mich zuerst dem Peeling zu. Es handelt sich um ein Fruchtsäurepeeling, lese ich auf der Packung, und da ich keine Ahnung habe, wie sowas funktioniert, ziehe ich mir ein YouTube-Video zum Thema rein. Dort erklärt mir ein ungefähr 18-jähriges Mädel, das aus-

sieht wie aus dem Ei gepellt, den Unterschied zwischen sogenannten AHA- und BHA-Peelings. Ich habe größten Respekt,
denn die Buchstaben werden jeweils einzeln ausgesprochen,
sodass ein unglaublicher Zungenbrecher entsteht. Gebannt
beobachte ich, wie das Mädel tausendmal hintereinander die
Wörter A H A und B H A Peeling rausbringt, ohne sich zu
verhaspeln, und verpasse dadurch den eigentlichen Inhalt des
Videos. Hinterher bin ich also genauso schlau wie vorher.
Wird schon nicht so schwer sein, ich beende YouTube und
reiße die Packung auf. Fruchtsäure aufgetragen, ein paar Minuten warten, fertig. Gut, es prickelt schon ein wenig. Oder
man könnte auch sagen, es brennt. Also schnell abwaschen
und dann sofort das zweite Produkt auftragen, die reichhal-
tige Anti-Wrinkle-Creme. Fühlt sich gleich fluffiger an, auch
wenn das Resultat sicherlich ein wenig Weile braucht.

Die Haut ist erst mal versorgt, und natürlich geht auch
mein Haar nicht leer aus, ich präsentiere ihm feierlich ein
Collagen-Shampoo mit Antiplatteffekt und im Anschluss
außerdem tönenden Masken-Goldschimmer für Blondinen.

Über der Badewanne wasche ich mir mit dem Shampoo
die Haare und massiere danach eine ordentliche Portion von
dem Haarmasken-Wirkstoff ein. Am Ende wickle ich ein
Handtuch drum und – jetzt heißt es warten. Damit mir nicht
langweilig wird, formuliere ich in der Zwischenzeit den auf
meiner Serviette eingeplanten Brief an die Kosmetikfirmen.

Sehr geehrte Damen und Herren,

*gerade teste ich im Selbstversuch Ihre Produkte. Das Ergeb-
nis steht noch aus.*

Zwei Fragen habe ich:

1. *Warum gleichen Ihre Verpackungen einem luxuriösen Hochsicherheitsgefängnis? – Rechtfertigt dies den hohen Preis?*
2. *Weshalb dürfen Ihre Produkte keine einfach verständlichen Namen haben?*

Herzliche Grüße

Ihre Flavia Friedrich

Nachdem ich den Brief fertig getippt habe, werfe ich einen Blick in den Spiegel. Und erschrecke zu Tode. Wer zur Hölle ist das? Meine Haut! Sie ist total – aufgequollen?! Erschrocken setze ich mein Gesicht dem kalten Wasserstrahl aus und hoffe auf das Beste. Doch es hilft nichts. Ein Ballon mit Augen blickt mich an. Mein Gesicht prickelt und glüht, als wolle es im nächsten Moment verdampfen. Okay, die Falten sind weg, zugegeben. Insofern hält das Zeug, was es verspricht.

Dann ziehe ich mir das Handtuch vom Kopf – und muss mich setzen. Ja, der Goldschimmer ist absolut erkennbar. Aber ich hatte nie vor, auszusehen wie ein Engel auf Abwegen. Als hätte ich da oben heutzutage zurecht verpöntes Lametta gepflanzt.

Ich stelle mich unter die Dusche und brauche eine Stunde, um zumindest das Gröbste zu beheben. Als ich mich wieder einigermaßen wohlfühle in meiner Haut und mit meinen Haaren, nehme ich mir erneut den Brief vor. Ich lösche alles und tippe stattdessen:

81

Sehr geehrte Damen und Herren,

Sie sollten umschwenken auf die Herstellung vergoldeter Matroschkas. Ihre Produkte taugen nichts und es ist nicht hilfreich, wenn Sie sie mit unverständlichen Namen versehen. Sondern irreführend. Mein Vorschlag wäre also eine leere Verpackung mit der Aufschrift: nutzloses teures Teufelszeug.

Herzlichst
Ihre Flavia Friedrich

Die Cremes landen in meiner Geschenkekiste. Sicher wird sich irgendwer darüber freuen. Ich aber bleibe bei meiner ganz normalen Feuchtigkeitscreme. Die heißt auch so, ist normal verpackt und ruiniert mich nicht. Und um die inzwischen leider verstorbene Body-Shop-Gründerin Anita Roddick zu zitieren: »Es gibt nur einen Weg, Falten zu verhindern: nie wieder lachen.«

Sorry, Leute, aber da bin ich leider raus. Stattdessen notiere ich lieber

☐ mehr lachen

auf meiner Krisenserviette und hake die schon erledigten Punkte ab.

Krisenfahrplan

- ☐ Lisa befragen
- ☑ Brief an Kosmetikfirmen
- ☑ Cremes ausprobieren
- ☐ neues Hobby?
- ☐ Familie und Freunde um Hilfe bitten
- ☐ neues Instrument
- ☐ richtig kriseln
- ☐ Berufung ausleben
- ☐ Mann mehr einbinden
- ☐ Mann im Auge behalten
- ☐ mich nicht unerträglich aufspielen ... oder auf jeden Fall ...
- ☐ Beeinflussung der U-Kurve
- ☐ Affirmationen
- ☐ mehr lachen

DIE 15-MINUTEN-PAUSE

Mit Gefühlen ist das so eine Sache. Sie sind verwirrend. Vor allem in Krisenphasen.

Mütter beispielsweise sind froh, dass ihre Kinder aus dem Gröbsten raus sind, gleichzeitig aber auch traurig, *dass* sie schon aus dem Gröbsten raus sind. So geht es mir jedenfalls. Verrückt, irgendwie. Ich sollte mich wirklich mal entscheiden. Finde ich es jetzt gut, dass der Stress sich legt, den junge Eltern aushalten müssen, weil sie keine einzige Sekunde mehr für sich haben, sondern dauerbeschäftigt sind mit den Kinkerlitzchen der süßen Kleinen, während sie sich gleichzeitig zu Tode langweilen? Oder macht es mich fertig, dass ich nicht mehr ständig mit Küsschen überschüttet werde, in der Öffentlichkeit keine süßen mit Schokolade verklebten Winzlingshände mehr halten darf und auch nicht mehr Wunsch-Spielgefährte Nummer eins bin?

Definitiv beides. Nur bleibt mir meist gar keine Zeit, darüber nachzudenken, denn obwohl ich inzwischen immerhin durchschlafen darf und auch mit fremden Hintern, Schleim und Spucke nichts mehr am Hut habe, habe ich nicht das Gefühl, völlig frei zu sein.

Ganz im Gegenteil! Mein Kopf ist voll von dem Kram der Jungs. Ich bin gefangen in der sogenannten *Mental-Load-Falle.* Ständig ploppen To-dos auf in meinem Hirn, und wenn ich sie nicht aufschreibe, drehe ich durch.

Das geht ungefähr so: Was koche ich heute?, morgen?, Kartoffeln kaufen, Supermarkt, Einkaufsliste, Geschenk besorgen im Supermarkt?, Geschenkewunsch Geburtstagskind?, nachfragen!, Geschenkpapier, Karte besorgen, Schreibwarenladen, oh: Gleich ist es schon eins, wann ist noch mal Fußballtraining?, wo bleibt Tim?, Stundenplan checken, Wetter am Wochenende für Wanderausflug ok?, Mann fragen, ob Grillkohle vorhanden, oh schon 13:15 Uhr, 14:00 Uhr Besprechung mit Tims Mathelehrer, Stichpunkte machen, Frisur dafür in Ordnung?, Friseurtermin Joshi!, PayPal-Überweisung für Fußballturnier, Steuererklärung machen!, Unterlagen anfordern, Kinder Taschengeld, wie viel Taschengeld?, googeln!, Wäsche, Wasserhahn unten tropft, Handwerker bestellen, Kacke, nicht da, später wieder versuchen, Sportsachen für Fußballturnier raussuchen, evtl. waschen, mit Joshi für Englisch pauken, Englischbuch ist ja weg, neues besorgen usw. ...

Da wird man echt verrückt!

Die Versorgung mit Lebensmitteln, Schulutensilien, Klopapier und sonstigem Alltagskram lastet auf meinen Schultern, angesichts der Mengen für die mittlerweile großen Jungs gewichtsmäßig sogar schwerer als früher.

Als Mama bin ich weiterhin dauerbeschäftigt, nur die Arbeitsthemen haben sich verschoben. Ich stille keine lebenswichtigen Bedürfnisse mehr, sondern lösche laufend kleine Feuer. Die Relevanz ist weniger dringlich, niemand stirbt, wenn ich alles stehen und liegen lasse, doch trotzdem wird mein Einsatz gefordert, ich werde gebraucht. Es besteht Brandgefahr und ich halte die Funken in Schach, bis die Jungs das übernehmen können. Worauf sie unablässig hinarbeiten, denn sie möchten so gerne unabhängig sein von mir, wollen sich nicht mehr reinreden lassen und lieber selbst Boss spielen, sind aber auf der anderen Seite nicht in der Lage, drei einfache Anweisungen der Reihe nach ordnungsgemäß zu befolgen. Für meine Söhne bin ich also ein notwendiges Übel. Puh. Das muss ich erst mal sacken lassen.

Ich stehe definitiv am Anfang einer Mid Mom Crisis, die sich gewaschen hat. Denn es kommt in letzter Zeit häufig vor, dass mich eine tiefe Traurigkeit erfasst, wenn eine Aufgabe, die bisher nur ich, Superduper-Mom, regeln konnte, sich plötzlich in Luft auflöst, weil einer meiner Söhne es geschafft hat, diese selbst erfolgreich zu bewältigen. Und Kinder sind nicht zimperlich damit, ihren Erfolg lautstark rauszuposaunen. Sie sind rücksichtslose Ich-kann-das-alleine-Angeber.

Den Tatsachen ins Gesicht zu blicken, ist einerseits erschreckend, andererseits bietet sich mir so die Chance, diesen Prozess der Umwandlung proaktiv und konstruktiv anzugehen. Ich weiß, was passiert, und kann es steuern.

Auf jeden Fall hat es etwas Gutes, wieder mehr Zeit für sich selbst zu finden. Es ist wichtig, sich und seine eigenen Bedürfnisse wahrzunehmen und nach und nach immer weiter in den Vordergrund zu stellen. Doch was möchte ich eigentlich? Wo sind sie, meine Wünsche, Hoffnungen und Träume? Tatsächlich ist es nicht so, dass sie laut *hier* schreien, wahrscheinlich muss ich sie erst mühselig hervorkramen unter dem ganzen Berg an Bedürfnissen, den meine Familie darübergestapelt hat.

Über diesen Gedanken brüte ich eine ganze Weile und beginne, wie ein Archäologe in meinem Unterbewusstsein nach Anzeichen meiner selbst zu suchen. Irgendwo da unten muss ich mich doch versteckt haben …

Da! *Ein* Wunsch streckt mir alle Gliedmaße entgegen: Ich brauche mehr Zeit für mich! Um mir darüber klar zu werden, was ich möchte. Und auch so.

Wie praktisch, dass meine Söhne neuerdings selbst daran denken, wann ihr Training stattfindet, sie kümmern sich eigenständig um die Equipment-Packerei und finden auch ohne mein Zutun an den Ort des Sportelns. Perfekt! Das spart mir im Schnitt 15 Minuten pro Tag. Und da es gerade jetzt so weit ist, dass es oben in Joshis Zimmer rumort, weil er gleich aufbrechen muss zum Tennistraining, lasse ich mich ausnahmsweise ganz entspannt auf dem Sofa nieder.

Da sitze ich also, und was soll ich sagen: Es fühlt sich total komisch an. Einfach falsch. Nie, wirklich niemals sitze ich tagsüber irgendwo länger als eine Sekunde, außer am Tisch während der Mahlzeiten oder am Schreibtisch für die Arbeit.

Sinnfrei auf der Couch zu sitzen, fühlt sich für mich so an, als wäre ich aussätzig. Eine Faulenzerin, zu nichts nütze, überflüssig.

Ich widerstehe dem Impuls, sofort wieder aufzuspringen, weil mir gerade ein paar Tassen auffallen, die dringend in die Spülmaschine eingeräumt werden müssten, und besinne mich auf die 15 Minuten Freizeit, die ich mir wohlverdient kurz zuvor selbst eingeräumt habe. Um die Ablenkungen von außen auszublenden, schließe ich die Augen. Wo sind sie, meine Wünsche und Träume? Was *will* ich?

Weil Joshi seine Sporttasche lautstark die Treppe runterrumpeln lässt, schrecke ich hoch aus meiner beginnenden Selbstfindung. Es kostet mich einige Anstrengung, sitzen zu bleiben und ihn machen zu lassen. Leider scheint sich das Helikoptern wohl in mir eingenistet zu haben, wie ein hinterhältiger Parasit klebt es an mir und piesakt mich, weil ich mich ungewohnterweise raushalte.

Um auch die Geräuschkulisse auszublenden, angle ich nach den Kopfhörern, die Tim versehentlich auf dem Beistelltisch hat liegen lassen, und setze sie auf. Stille umhüllt mich, was eigentlich wunderbar ist, meine Unruhe aber noch verstärkt. Denn solange Joshi nicht wirklich aus dem Haus ist, kann ich nicht abschalten. Ich zwinge mich, dennoch die Augen zu schließen, und konzentriere mich auf meinen Atem, so wie es von Entspannungsgurus rund um den Globus gepredigt wird. Was tatsächlich hilft.

Meine Wünsche, da sind sie. Rosig und vielfältig schwirren sie in meinem Kopf umher, ich muss nur danach greifen, und …

Ich fahre zusammen, als mich jemand plötzlich in die Seite knufft. Erschrocken reiße ich die Augen auf und blicke in Joshis grinsendes Gesicht.

»Mama, ist dir etwa langweilig?«, fragt er.

»Nein, überhaupt nicht.« Wie soll ich das bloß erklären?

»Hast du etwa nichts zu tun?« Schelmisch blitzt Joshi mich an. Er weiß, dass ich es hasse, wenn die Jungs auf der Couch rumwühlen, wenn sie sich langweilen, statt zum Beispiel ihr Zimmer aufzuräumen oder für die Schule zu lernen. Wenn sie chillen, im Gegensatz zu mir.

»Doch! Ich bin sogar *mega*beschäftigt«, entgegne ich deswegen entschieden. »Ich finde nämlich gerade zu mir selbst, weißt du?«

»Ah!« Joshi erhebt sich und schnappt sich seinen Rucksack. »Na dann, bis später!« Weg ist er.

Ich atme tief durch. Das lief besser als gedacht. Scheint okay zu sein, wenn Mama einfach mal rumsitzt und nichts macht.

☐ mehr Zeit für mich selbst finden,

schreibe ich auf meine Krisenserviette.

Leider sind meine 15 Minuten rum, die Spülmaschine ruft.

Am Abend dann erwische ich meine Söhne auf der Couch. Sie haben alle Sofakissen auf dem Boden verteilt – ja, das machen sie auch mit zwölf Jahren noch – und müssten eigentlich langsam ihre Ranzen für morgen packen, Zähne putzen und so weiter.

»Jungs, habt ihr nichts zu tun?«

»Doch!« Sie tauschen einen verschwörerischen Blick miteinander. »Aber wir finden gerade zu uns selbst, Mom, weißt du?«

Krisenfahrplan

- ☐ Lisa befragen
- ☑ Brief an Kosmetikfirmen
- ☑ Cremes ausprobieren
- ☐ neues Hobby?
- ☐ Familie und Freunde um Hilfe bitten
- ☐ neues Instrument
- ☐ richtig kriseln
- ☐ Berufung ausleben
- ☐ Mann mehr einbinden
- ☐ Mann im Auge behalten
- ☐ mich nicht unerträglich aufspielen ... oder auf jeden Fall ...
- ☐ Beeinflussung der U-Kurve
- ☐ Affirmationen
- ☐ mehr lachen
- ☐ mehr Zeit für mich selbst finden

VON WURZELN UND FLÜGELN

Nachdem ich mich mehr oder weniger intensiv mit mir selbst und meinen Wünschen beschäftigt habe, geht es mir viel besser. Insgesamt bin ich zu der Einsicht gelangt, dass sich ein positiver Umgang mit der Krise auszahlt.

Die Kinder werden auf jeden Fall erwachsen, und das sollen sie auch. Eltern sollten dem Nachwuchs Wurzeln, aber auch Flügel verleihen und dabei das Kunststück vollbringen, sich selbst nicht aus den Augen zu verlieren. Ich wünsche mir ab sofort nicht nur für meine Kinder Flügel, sondern auch für mich selbst.

Die anstehende Mid Mom Crisis ist kein Gegner, den es zu besiegen gilt, sondern vielmehr eine Einladung dazu, einen neuen Abschnitt zu begehen. Wie diese neue Lebensphase genau aussieht, liegt dabei allein in meiner Hand. Stehe ich ihr positiv gegenüber, hat sie das Potenzial, mein Lieblings-Lebensabschnitt zu werden. Und nur das sollte das Ziel sein. Wer hat schon Lust, trübsinnig in die Zukunft zu blicken? Überhaupt ist fraglich, ob es sich lohnt, Mutmaßungen über die Zukunft anzustellen. Ich gehe also einfach davon aus, dass sie gut wird, großartig, genial, fantastisch.

Jetzt bin ich nicht gerade esoterisch unterwegs, trotzdem glaube ich daran, dass es sich lohnt, diese positive Grundeinstellung täglich zu leben. Wer gut gelaunt in den Tag startet, hat größere Chancen, dass der Tag toll wird, als jemand, der morgens schon allen – inklusive sich selbst – die Laune verdirbt.

Ein aktives Leben im Hier und Jetzt bietet sich an, um hocherhobenen Hauptes durch die Krise zu stolzieren.

Drei Punkte sind dabei laut Fachliteratur zu beachten:

1. Akzeptiere und heiße willkommen, wer du bist.
2. Sei mehr im Jetzt und übe Akzeptanz.
3. Denke über ein werteorientiertes Leben nach.

Sofort starte ich mit Punkt 1: »Hallo, Flavi, wie schön, dass du da bist! Ich find's toll, dass du dir so viele Gedanken machst über dich selbst. Du bist genial, stark und energiegeladen.« – Klappt schon mal prima. Habe ich ja auch bereits geübt in meinen Affirmationen.

Punkt 2 bezieht sich mehr auf das Außen. Also hauptsächlich auf meine Familie. Um hier in Schwung zu kommen, entere ich die Jungszimmer.

»Hey, Tim«, begrüße ich meinen älteren Sohn. Er zockt mal wieder. Was schon nervt. Aber: Ich bin ja dabei, Dankbarkeit und Akzeptanz zu üben.

»Was spielst du denn da?«, frage ich deshalb.

Verwundert sieht Tim auf. Seltenst habe ich mich konkret nach seinen Handyspielen erkundigt. Er nennt mir den Titel des Spiels und hält mir sogar sein Display hin – ich darf einen Blick in die heiligen Untiefen seines Smartphones werfen.

»Du musst hier drücken und gleichzeitig da halten, dann kannst du den hierhin verschieben und ...«

Ich bin so erstaunt über Tims Offenheit, dass ich mich tatsächlich darauf einlasse. Mit dem Handy in der Hand sitze ich neben meinem Sohn und – zocke! Und was soll ich sagen: Ich bin grottenschlecht in wie auch immer dieses Spiel noch mal heißt, und trotzdem macht es Spaß! Tim ist begeistert. Obwohl ich seinen guten Score innerhalb von fünf Minuten versaue, lässt er sich nichts anmerken, sondern gibt mir unglaublich tolle Tipps. Schlau, mein Sohn, finde ich, und bin zum ersten Mal ein bisschen stolz auf seine Computernerd-Fähigkeiten. Feierlich gebe ich das Handy an seinen Eigentümer zurück. Wer hätte gedacht, dass ich einmal von der nervigen Meckermaschine, als die meine Söhne mich häufig ansehen, zum coolen Zockerkumpel mutiere? Hätte ich schon viel früher mal ausprobieren sollen, auf dieser Ebene bei den Jungs zu landen. Ich würde sagen, das Experiment ist mehr als geglückt, mehr im Jetzt kann ich nicht sein. Obwohl: der Klamottenberg da drüben ... Nein! Dafür ist später noch Zeit. Geht ja gar nicht, so mittendrin das lebenswichtige Spiel zu unterbrechen, nur um Schmutzwäsche zu beseitigen.

Ich überlasse Tim also einfach seiner Beschäftigung und mache einen Haken hinter Punkt 2.

Der letzte Aspekt hat es in sich. Was bedeutet es, ein werteorientiertes Leben anzustreben? Welche Werte sind damit gemeint?

◻ Werte definieren

gehört unbedingt auf meine Krisenserviette. Und ich lege auch gleich los.

Ähnlich wie die Lebensbereiche lassen sich Werte für den Menschen einteilen in Erlebniswerte, schöpferische Werte und Einstellungswerte.

Bei Wikipedia wird ein Erlebnis als »ein Ereignis im individuellen Leben eines Menschen« definiert, »das sich vom Alltag des Erlebenden so sehr unterscheidet, dass es ihm lange im Gedächtnis bleibt«.

Sofort fällt mir Tims während des Fußballtrainings ausgeschlagener Vorderzahn ein. Blutige Angelegenheiten gehören definitiv nicht zu meinem Alltag und bleiben mir auf jeden Fall seeeehr lange im Gedächtnis. Aber das ist es nicht. Nein, mit Erlebniswerten sind nicht solche negativen Geschehnisse gemeint, sondern positive Ereignisse. Es können auch kleine Dinge sein, wie zum Beispiel das Erleben der Natur während eines Waldspaziergangs. Solche erfüllenden Momente hallen lange nach und sollten uns so häufig wie möglich begegnen. Damit wir sie wahrnehmen, bedarf es großer Aufmerksamkeit, das sogenannte »Im-Jetzt-Sein« kann da sehr helfen. Natürlich fallen auch großartige Ereignisse hier hinein, also solche Erlebnisse, die von massenhaft Adrenalin begleitet werden – das ist einfach Typsache.

Zu den schöpferischen Werten gehören die Kreativität, das Wissen, die Leistung und die Arbeit.[8] Diese Punkte gehen bei mir Hand in Hand. Denn mit dem Verfassen von Texten gebe ich mein Wissen weiter, ich leiste etwas, das man anfassen und sehen kann, und gleichzeitig ist es mein Job. Kreative Arbeit hat immer etwas Erhebendes, sie regt den Geist an und beflügelt die Fantasie. Sie macht sogar süchtig, wie ich bestätigen kann. Denn wenn ich aus irgendeinem Grund nicht zum Arbeiten komme, werde ich ziemlich übellaunig. Dann sollten sich meine Mitmenschen lieber von mir fernhalten. Das wäre dann wieder eine Eigenschaft, an der ich arbeiten muss. Ich müsste die Umstände akzeptieren, schließlich kann ich sie nicht ändern.

Es gibt also auch für mich einige Baustellen, die ich beheben kann, und zwar besonders auch in der dritten Kategorie von Werten. Das sind die sogenannten Einstellungswerte, nämlich das Verstehen und Verarbeiten, die Weisheit und die Spiritualität. Es geht darum, seine Einstellung zu den Dingen zu überprüfen und sich in Dankbarkeit, Respekt und Vertrauen zu üben. Der Mensch kann frei wählen, wie er empfindet, und genau hierin liegt seine Kraft. Deswegen fange ich gleich mit diesem letzten wichtigen Aspekt an und rufe so laut ich kann:

»Liebe Krise, hier bin ich. Ich freue mich, dich kennenzulernen. Du bist hier, um mir neue Wege und Möglichkeiten aufzuzeigen. Ich bin sehr gespannt auf das, was kommt, und offen für die Veränderungen, die du für mich bereithältst.«

»Geht's, Mom?« Joshi steckt seinen Kopf zur Tür herein. Er sieht belustigt aus. Aber das macht nichts. Ich schaffe gerade einen Erlebniswert für ihn. Denn dass seine Mama spirituelles Zeug durchs Haus ruft, ist für meine Söhne nicht alltäglich. Also lächle ich ihn an und antworte: »Ich akzeptiere, wenn du mich und mein Verhalten als seltsam empfindest. Und ich akzeptiere auch, wenn du mal wieder mit deinen Jungs rumhängst und im Netz komische Videos von irgendwelchen YouTubern anguckst, die ich als Zeitverschwendung empfinde. Vielleicht produziert ihr auch mal selbst so ein Video? Was meinst du?«

»Äh, okay.« Daumen hoch und abgemacht, die Botschaft ist angekommen. Wäre doch gelacht, wenn ich meinem Sohn nicht auch gleich noch die schöpferischen Werte angedeihen lassen könnte ...

Krisenfahrplan

- ☐ Lisa befragen
- ☑ Brief an Kosmetikfirmen
- ☑ Cremes ausprobieren
- ☐ neues Hobby?
- ☐ Familie und Freunde um Hilfe bitten
- ☐ neues Instrument
- ☐ richtig kriseln
- ☐ Berufung ausleben
- ☐ Mann mehr einbinden
- ☐ Mann im Auge behalten
- ☐ mich nicht unerträglich aufspielen ... oder auf jeden Fall ...
- ☐ Beeinflussung der U-Kurve
- ☐ Affirmationen
- ☐ mehr lachen
- ☐ mehr Zeit für mich selbst finden
- ☐ Werte definieren

DIE GLÜCKSFALLE

Es ist interessant, sich mit dem Zusammenhang zwischen den lieben Kleinen und dem empfundenen Glück ihrer Eltern zu befassen. Denn »je mehr Kinder ein junges Paar hat, desto weniger zufrieden ist es. Ab einem Alter von 40 Jahren ist es jedoch andersherum: Dann bedeuten mehr Kinder mehr Lebensglück. Das gilt unabhängig von Geschlecht, Einkommen und Beziehungsstatus, wie Forscher des Max-Planck-Instituts für demografische Forschung in Rostock und der University of Pennsylvania in einer Studie mit Befragungsdaten von über 200.000 Frauen und Männern aus 86 verschiedenen Ländern herausgefunden haben.«[9] Während der Zufriedenheitsindex mit der Geburt des ersten Kindes bereits um ein bis drei Einheiten fällt, steigt er mit dem Erwachsenwerden der Kinder über den Glücksstatus von Kinderlosen an.

Beim Kinderkriegen handelt es sich also um eine Investition in die Zukunft.

Ich nehme also in Kauf, anfänglich unglücklicher zu sein, weil Kinder nun einmal das ganze bisherige Leben auf den Kopf stellen und uns an allen Ecken und Enden beanspruchen, um dann später den Kinderlosen, auf deren Aktivitä-/ ten und freie Zeit ich heute neidvoll schiele, eine lange Nase zu zeigen. Ätsch, bätsch, gebt mir noch drei Jahre, dann bin ich glücklicher als ihr!

Ein Grund für die Unzufriedenheit von Eltern ist der erhöhte Stressfaktor, den Kinder mit sich bringen. Widersprüchlich erscheint mir jedoch, dass der Stress genau jetzt langsam abebbt und mich exakt dieser Umstand stresst. Ich bin gestresst, weil der Stress nachlässt. Verrückt! Die aktuelle Krise stellt dabei den Höhepunkt dieses durch Verlustangst verursachten Stresses dar, danach geht's dann aber endlich aufwärts. Die Aussichten sind also zumindest für die Zukunft rosig. Nur habe ich trotzdem keinen Bock, mich einfach so in mein Tief fallen zu lassen. Ich möchte der Krise Paroli bieten. Wäre doch gelacht, wenn ich sie nicht abschwächen könnte, jetzt, da ich ihr ins Auge blicke.

Meine Zauberformel heißt deshalb: Stressabbau.

Das Internet weiß Rat. Was angeblich gegen Stress hilft, ist Meditation. Leider habe ich überhaupt keine Ahnung, wie Meditation funktioniert. Es reicht sicher nicht, es sich im Schneidersitz auf dem Boden gemütlich zu machen, die Hände nach oben geöffnet auf den Knien abzulegen und »Ooooooohmmmmmmmm« zu brummeln. Ich befrage also mal wieder Wikipedia und lese:

»Die 10 von erfahrenen Meditierenden am häufigsten genannten Techniken waren:

1. Den gesamten Körper mit der Aufmerksamkeit durchwandern.

2. Auf das Heben und Senken der Bauchdecke beim Atmen achten.
3. Beobachten, welche Gedanken im Geist entstehen, ohne daran zu haften.
4. Auf den Atemfluss im ganzen Körper achten.
5. Körper durchgehen, Emotionen und Verspannungen wahrnehmen und lösen, z. B. mithilfe des Atems.
6. Mitgefühl, Mitfreude, Gleichmut, liebende Güte kultivieren (für sich selbst, Freunde, neutrale Personen, Feinde, die ganze Welt).
7. Beobachten, welche Körperempfindungen entstehen, ohne daran zu haften.
8. Sutras/Mantras singen.
9. Im Liegen in einen Zustand tiefer Entspannung bei vollem Bewusstsein hineingehen.
10. Auf Empfindungen achten, die beim Ein- und Ausatmen in der Nase entstehen.«

Wird ja wohl nicht so schwer sein. Ich schlüpfe also wie empfohlen in bequeme Kleidung und setze mich auf den Boden. Leider kann ich in meiner Nase keine Empfindungen entdecken, außer dass es mit dem Ein- und Ausatmen abwechselnd kalt und warm wird. Ist das mit Punkt 10 gemeint? Hm.

Ich wechsle lieber von 10. zu 9. Liegen klingt ziemlich gut. Fehlt nur noch der Zustand tiefer Entspannung. Schlafen ist damit wohl leider nicht gemeint, denn das Ganze soll bei vollem Bewusstsein stattfinden. Augen offen oder geschlossen? Durch die Nase oder durch den Mund atmen? Wo sollen meine Hände liegen? Darf ich mich auf die Seite drehen? Nein, mit so vielen Fragen im Kopf kann ich unmöglich tiefenentspannt sein. Wikipedia müsste dringend seine Anleitungen überarbeiten, 9. ist so oberflächlich geschildert nicht machbar für mich.

8. aber stellt mich vor noch größere Herausforderungen. Was zur Hölle sind Sutras oder Mantras? Klingt nach Medizinmännern im Dschungel, nach Heilern und Hexern, die mystisch klingendes Zeug von sich geben. Klar, ich könnte mich hinstellen und aus den Harry-Potter-Büchern entnommene Zaubersprüche vor mich hin beten, doch 20 Mal das Wort »Lumos« zu rufen, ist sicher nicht Sinn der Sache. Mir fehlen konkrete Beispiele, an denen ich mich orientieren kann.

Also hoch zu 7. Ich soll beobachten, welche Körperempfindungen entstehen, ohne daran zu haften. Hm. Ich glaube, es juckt an meinem Bein. Ich kratze ein bisschen, was den Juckreiz noch verstärkt. Shit! Ich kremple meine Hose hoch, und – ist das etwa ein Ausschlag? Ganz genau betrachte ich die roten kleinen Pustelchen, die sich über einen nicht unbedeutenden Teil meiner Wade erstrecken. Kacke! Hoffentlich breitet sich das nicht weiter aus?! Vielleicht habe ich im Bad eine Salbe, die …

Alles klar, 7. funktioniert leider auch nicht. Ich hafte viel zu stark an meinen Empfindungen.

Bei 6. entscheide ich mich für das Mitgefühl, und zwar nicht nur für mich oder ein paar Freunde, sondern natürlich für die ganze Welt. Frau sollte sich schließlich große Ziele setzen, und die Welt ist gerade groß genug für meine Ansprüche. Also, liebe Welt, es tut mir leid. Ich empfinde tiefes Mitgefühl, weil … ja, weil was?! Ha, na wegen des Klimawandels! Ich fühle mit dir, liebe Welt, und es tut mir wirklich aufrichtig leid, dass wir Menschen dich zerstören. Ich warte ein paar Minuten ab und stelle mit Enttäuschung fest, dass mir diese Aussage momentan nicht weiterhilft. Das ist zwar echt und aufrichtig so, dass ich den Klimawandel bedaure, nur leider glaube ich nicht, dass mir das als Meditationsgrundlage dienen kann. Es macht mich höchstens traurig.

Den 5. Punkt sortiere ich gleich aus, mein Bein juckt schließlich noch immer, und das kann ich nicht lösen, ohne sofort ins Bad zu rennen und fett eine Antijuckreizcreme aufzutragen.

4. dagegen erscheint mir sehr sympathisch. Atmen kann ich. Kann jeder. Kann ja nicht so schwer sein. Ist es aber doch. Ich kann nichts Besonderes feststellen an meinem Atem, deswegen wandern meine Gedanken ständig in verschiedene Richtungen. Vielleicht ist mein persönlicher Atemfluss einfach zu langweilig?

Egal, dann eben Methode Nummer 3. Ich soll nicht an dem haften, was ich denke. Beim Gedanken daran kriege ich einen Knoten im Kopf. Wie soll jemand nicht denken, was er denkt? Oder über seine Gedanken nachdenken, ohne daran zu denken, was er denkt? Meine Gedanken haften ziemlich stark an dem, was ich denke, also denke ich, es ist besser, wenn ich nicht darüber nachdenke, was ich denke.

Erleichtert switche ich zu 2., meine Bauchdecke kann ich bestimmt wunderbar beobachten. Leider hebt sie sich aber nicht beim Ein- und Ausatmen. Jedenfalls nicht so von selber, dass ich nicht darüber nachgrübeln müsste, wie ich es anstelle, dass sie es tut. Mein Bauch ist vielmehr dauergehoben. Oder dauergesenkt, da bin ich nicht sicher. Oh Mann!

Warum müssen diese Techniken bloß alle so kompliziert sein?

Es bleibt nur eine einzige Meditationsmethode übrig. Diese 1. muss es sein, mein Weg zu innerer Entspannung und Ausgeglichenheit. Mein Stressvernichter. Mein Antikrisenmittel. Also lege ich mich auf den Rücken und beginne wie vorgeschlagen, den ganzen Körper mit der Aufmerksamkeit zu durchwandern. Ich nehme meinen rechten Fuß wahr, den dicken Zeh, den kleinen Zeh, die Zehen dazwischen. Hä? Haben die eigentlich gar keine Namen? Wie war das noch, sind das der zweite, dritte und vierte Zeh? Wie einfallslos ist *das* denn, bitte?! Vielleicht sollte ich mir für sie ein paar tolle Namen … Bam! Nicht abschweifen, nicht abschweifen, ermahne ich mich und fahre fort. Da ist meine Ferse, mein Fußballen, mein Knöchel. Das Schienbein. Den Unterschenkel lasse ich lieber aus, der juckt nämlich noch immer. Aber dann ist da mein Knie, die Kniescheibe, der Oooooberscheeeeenkel …

Abrupt schrecke ich hoch, als jemand an mir rüttelt.

»Mom?!« Ich blicke in Tims besorgt-belustigtes Gesicht. »Warum schläfst du denn auf dem Boden?«

»Ich schlafe gar nicht«, lüge ich, weil ich offensichtlich sehr wohl eingenickt bin. »Ich bin hellwach.«

»Ja klar.« Tim zieht verächtlich einen Mundwinkel in die Höhe. »Du hast sogar geschnarcht.«

»Quatsch!«, widerspreche ich entschieden. Ich richte mich auf. »Das war diese U-Dingsda-Atmung. Von den Yogis. Kennst du das etwa nicht? Ich habe nämlich *meditiert*.«

»Hm, hm, sicher …« Tim geht zum Kühlschrank, öffnet die Tür und sucht darin herum. Ich beobachte, wie er sich eine Milchtüte herausnimmt und direkt aus der Packung trinkt. Und ich unternehme – gar nichts. Total überrascht stelle ich fest, dass es mir komplett egal ist. Normalerweise rege ich mich mega darüber auf, wenn die Jungs das machen, aber jetzt, nach meiner Meditation, bin ich tatsächlich sowas von tiefenentspannt.

Ha! Wer hätte das gedacht?! Es wirkt! Klar, mit ein bisschen professioneller Anleitung wäre ich noch besser aufgestellt, aber immerhin habe ich ein paar Minuten geschlafen. Mitten am Tag. Normalerweise undenkbar. Darauf werde ich aufbauen.

☐ Meditieren lernen und üben,

schreibe ich auf meine Krisenserviette.

Dann entdecke ich Tims von Dreck umkrustete Schuhe und ihre Hinterlassenschaften überall im Flur. Ich merke, wie in mir die Wuthitze aufsteigen möchte, doch ich habe ja jetzt ein wirksames Gegenmittel. Ich setze mich in den Schneidersitz, schließe die Augen – und: Da ist mein dicker Zeh, der kleine Zeh, die Zehen dazwischen, genannt zwei, drei und vier … oooooooohmmmmmmmmm!

Krisenfahrplan

- ☐ Lisa befragen
- ☑ Brief an Kosmetikfirmen
- ☑ Cremes ausprobieren
- ☐ neues Hobby?
- ☐ Familie und Freunde um Hilfe bitten
- ☐ neues Instrument
- ☐ richtig kriseln
- ☐ Berufung ausleben
- ☐ Mann mehr einbinden
- ☐ Mann im Auge behalten
- ☐ mich nicht unerträglich aufspielen ... oder auf jeden Fall ...
- ☐ Beeinflussung der U-Kurve
- ☐ Affirmationen
- ☐ mehr lachen
- ☐ mehr Zeit für mich selbst finden
- ☐ Werte definieren
- ☐ Meditieren lernen und üben

PLÖTZLICH VEGAN

»Was möchtest du trinken?« Erwartungsvoll blicke ich in Lisas frisch gebräuntes Gesicht. Sie ist zurück aus ihrem Entspannungsurlaub und bereit, ihre Erfahrungen mit mir zu teilen.

Lisa schlägt die Karte auf, blättert aber über die Seite mit sprudeligen alkoholischen Getränken bis zu den – *Heißgetränken*?

»Für mich den Ingwer-Limetten-Tee, bitte«, bestellt sie bei dem Kellner, der sich nicht im Ansatz darüber wundert, dass meine Freundin auf einmal nicht mehr dem Alkoholgenuss frönt.

»Und für Sie?«, fragt er an mich gewandt.

Kacke! Auf solche Umstände war ich überhaupt nicht vorbereitet. Alleine trinken ist nicht meins, also muss ich spontan umdisponieren.

»Ähm.« Hastig blättere ich die Karte durch, während der Kellner mich ungeduldig anstarrt. Tee ist nicht so wirklich das, was ich in diesem schicken Restaurant bestellen möchte, also ordere ich ganz exotisch: »Eine Apfelschorle bitte«, und klappe die Karte zu.

»Du weißt schon, dass da ziemlich viel Zucker drin ist?!«, gibt Lisa über den Tisch gebeugt zu bedenken, als würde sie damit ausschließlich mir gegenüber das Geheimnis des Jahres lüften.

»Und?« Langsam reicht's mir. Ich hatte mich auf den Abend gefreut, und Lisa entpuppt sich schon nach fünf Sekunden als frischgebackene Nervensäge. So kenne ich sie gar nicht.

»Schon in Ordnung.« Gütig lächelt Lisa mich an und streicht beruhigend über meinen Handrücken. »Also, was beschäftigt dich gerade?«

»Dass die Kinder groß werden, dass sie mich nicht mehr brauchen und dass ich mich alt und nutzlos fühle«, haue ich sofort raus. »Und da deine Kinder ja schon …«

»Danke!« Lisa blickt zum Himmel, als würde sie erleuchtet, und hält wie zum Gebet die Hände gefaltet vor die Brust. »Danke, dass du mich als Ratgeberin gewählt hast. Ich danke dir von Herzen.«

Redet sie jetzt mit mir oder mit dem heiligen Geist oben an der Decke?

»Du hättest dir keinen besseren Zeitpunkt aussuchen können, denn was ich in der letzten Woche erlebt habe, ist einfach himmlisch.«

Hat sie jetzt echt gerade das Wort *himmlisch* benutzt?

»Und – was zur Hölle hast du erlebt?«, hake ich genervt nach, als Lisa sich mir wieder zuwendet. Leider überhört sie gekonnt meine verbale Rebellion.

»Eine Woche ganz alleine in einem Yoga-Retreat. Wir durften schweigen, die ganze Zeit über, haben mit niemandem gesprochen, und …«

»Was darf ich denn zum Essen bringen?«, fragt der Kellner, und ich frage mich augenblicklich, wie Lisa es geschafft hat, in dem Retreat nicht zu verhungern, wenn sie dort nicht sprechen und damit auch nichts bestellen durfte.

»Für mich bitte den Salat, aber ohne den Ziegenkäse, und dann bitte das geschmorte Gemüse, aber ohne das Fleisch. Und können Sie die Gewürze bitte auch weglassen?«

Mit offenem Mund sitze ich Lisa gegenüber und kann nicht fassen, was hier gerade passiert. Vor ihrem sogenannten Urlaub war Lisa sehr direkt, manchmal sogar frech. Sie war überzeugte Fleischfresserin, Quasselstrippe, Nachsalzerin und Gerne-ein-Gläschen-über-den-Durst-Trinkerin, und jetzt ...

»Ich lebe jetzt vegan«, erklärt Lisa feierlich, als sie meinen geschockten Gesichtsausdruck bemerkt. »Tut mir gerade sehr gut.«

Dass rein pflanzliche Nahrung sich positiv auf das Energielevel des Menschen auswirkt, habe ich schon mitbekommen, aber nie, niemals hätte ich gedacht, dass Lisa sich dazu aufraffen könnte. Ausgerechnet sie!

Mit ultraschlechtem Gewissen bestelle ich auf Drängen des Kellners mein Leibgericht: Hühnchen in Rotweinsauce mit Kartoffeln und Gemüse.

Zum Glück belehrt Lisa mich nicht und versucht auch nicht, mich zu bekehren. Niemand ist schlimmer als jemand, der mir penetrant einreden will, wie ich mich zu ernähren habe. Sofort würde ich mir sonst als Nachtisch noch drei Rindersteaks hinterherbestellen, gekrönt von Lamm-Chops und einer ganzen Flasche Schampus. Doch Lisa sieht einfach darüber hinweg, wie ich mir mein Huhn zu Gemüte führe, und nagt stattdessen genüsslich an ihrem Brokkoli. Der zugegebenermaßen auch ganz lecker aussieht.

Sie berichtet von Spanien, dass sie mit Heilern gesprochen hat, die ihr Herz ganz tief berührt haben, sie erzählt vom Meer dort, dessen Intensität sie noch nie vorher so erlebt habe, und von den anderen Yogis, die sich wie sie in dieser Woche auf eine Reise zu sich selbst begeben und darüber Ruhe und Entspannung gefunden hätten.

Wow! Tatsächlich bin ich voll geflasht. Das klingt besser, als ich zunächst dachte; ich habe vollsten Respekt vor Lisa. Nie würde ich auf die Idee kommen, ganz alleine zu verreisen, ich gehe ja noch nicht mal alleine ins Café, weil ich dann die ganze Zeit darüber nachdenke, dass die anderen Leute mich komisch finden, weil ich offensichtlich ein Nerd bin, der keine Freunde hat. Doch wenn *alle* alleine unterwegs sind in so einem Retreat, warum eigentlich nicht?

Nur die Bedankerei geht mir nach einer Weile schon auf den Keks, es wirkt einfach unnatürlich, wenn deine sonst so vorlaute und wenig rücksichtsvolle Freundin ständig »Ich danke dir von Herzen!« sagt, so, als hätte man ihr dies antrainiert wie einem Zirkushund. Lisa verrate ich aber nichts von meinen Gedanken, schließlich scheint auch das Sichbedanken ihr irgendwie gut zu tun.

Nach dem Essen schleiche ich mit dickem Bauch und einem ganzen Strauß voll neuer Eindrücke nach Hause. Das Huhn scheint da unten auferstehen zu wollen, es rumort herum und ich bereue, mich nicht ebenfalls auf Grünzeug beschränkt zu haben. Außerdem fehlt mir der Espresso danach, den trinkt Lisa nämlich auch nicht mehr, und sie hat wirklich vor, das so lange wie möglich durchzuhalten. Vielleicht sogar für immer.

Zu Hause angekommen, steht das Hühnchen in meinem Hals am Anschlag. Mein Mann ist noch wach und schließt sich dem Huhn gleich an.

»Und? Wie war's mit Lisa?«, will er wissen.

»Ich lebe jetzt vegan«, verkündige ich wie automatisch und vermeide den Blickkontakt mit meinem Mann.

»Aha«, gibt er zurück, leichte Panik schwingt in seiner Stimme mit. »Seit ... wann das denn?«

»Seit jetzt.« Vielleicht kann rein pflanzliche Ernährung tatsächlich beitragen zu meiner Entspannung, vielleicht hilft es, die Krise besser zu überstehen?

Mein Mann lässt meine Entscheidung zum Glück unkommentiert. Wahrscheinlich denkt er, ich hätte nur zu viel getrunken – haha, wenn der wüsste!

Am nächsten Morgen stehe ich in der Küche und schmiere die Schulbrote für die Jungs. Eins mit Salami, eins mit Käse, hmmm, riecht echt lecker, aber – pfui! Fast hätte ich vergessen, dass solche tierischen Produkte ab sofort tabu für mich sind. Ich schaffe es, die Brote unangetastet in ihren Tüten verschwinden zu lassen, befülle die Trinkflaschen und ab damit in die Schultaschen.

Jetzt das Frühstück. Müsli ist erlaubt, aber wie ist es mit Milch? Leider nein, höre ich im Geiste Lisa, da musst du dir schon was Neues einfallen lassen. Müsli mit – Joghurt? Nope. Mit Sahne? Auch verboten. Mit – Orangensaft? Uaaah! Mich schüttelt es bei dem Gedanken. Noch schlimmer wäre pures Wasser, da kann ich es besser gleich trocken essen. Während also meine Mannschaft das süße Knuspermüsli mit wunderbar kalter Milch genießt, zerdrücke ich eine Banane und vermische den Brei mit ungezuckerten Haferflocken.

Angewidert beobachten Tim und Joshi mein Tun.

»Was machst du da, Mom?«, wollen sie wissen.

»Ich bin ab sofort Veganerin«, verkünde ich, nicht ohne Stolz.

Zu meinem Erstaunen nicken die Jungs anerkennend. »Cool.«

Nur mein Mann mampft stumm mit hochgezogenen Augenbrauen vor sich hin. Wahrscheinlich ahnt er, was ihm schwant: Isst die Köchin vegan, hat der Fleischfresser eben Pech gehabt. Als ich auch noch den Kaffee dankend ablehne, den mein Mann mir anbietet, verlässt er vor sich hin grummelnd die Küche.

Nach dem mehr oder weniger befriedigenden Frühstück begebe ich mich in den Supermarkt. Mein veganes Vorhaben braucht schließlich ein paar neue Zutaten. Wäre doch gelacht, wenn ich das nicht hinkriege.

Eigentlich hatte ich gedacht, dass Veganer beschränkt sind auf Gemüse, Obst und Körner. Doch das stimmt gar nicht, wie ich beim Gang durch die Supermarktregale feststelle. Für alles und jedes gibt es inzwischen einen Ersatz. Veggie überall. Ein Paralleluniversum, genau vor meiner Nase, warum habe ich das eigentlich vorher nie bemerkt? Hafermilch statt Kuhmilch, ein pflanzlicher Butterblock statt echter Butter, veganes Hack aus Erbsen und sogar pflanzlicher Fischersatz landen in meinem Einkaufskorb. Dazu Sirup statt Zucker und einige Packungen Tee. Ingwer dagegen ginge wirklich zu weit, ich hasse dieses Zeug, das kann mir ruhig gestohlen bleiben, selbst wenn es momentan gehypt wird ohne Ende.

Zu Hause dann suche ich im Internet nach Rezepten. Chili *sin* (ohne) Carne, aber immerhin *mit* (con) Reis klingt doch toll. Sofort mache ich mich an die Arbeit. Alle Zutaten kenne ich, nur das Hack wird durch die Erbsenmischung ersetzt.

Als die Kinder nach Hause kommen, duftet es wirklich richtig lecker. Begeistert setzen wir uns, ich verrate natürlich nicht, dass ich das »con« des Gerichtes durch ein »sin« ersetzt habe, und so schaufeln sich meine Jungs ordentliche Portionen auf den Teller.

Wir nehmen den ersten Bissen – und: »Bah! Was ist *das* denn?!«

»Wieso? Was meint ihr?«, stelle ich mich blöd und widerstehe dem Impuls, das eklige Zeug sofort wieder auszuspucken. Ich kann mir beim besten Willen nicht vorstellen, dass Lisa *das* hier mögen würde.

»Das ist voll eklig, Mom«, erklärt Joshi und räumt seinen Teller ab. »Ich hab außerdem schon in der Mensa gegessen.«

»Ich auch«, schließt sich sein Bruder an, und ich sitze alleine am Tisch mit meiner tollen ersten veganen Mahlzeit. Die echt beschissen schmeckt. Wie zusammengerührte Schuhsohlen. Ich zücke mein Handy.

»Hey, Lisa.« Mit einer fließenden Bewegung lasse ich das Essen ausnahmsweise komplett im Klo verschwinden. Wie gut, dass Lisa das nicht sehen kann, sie wäre sicher kein Freund solcher Verschwendung. »Kannst du mir bitte ein paar vegane Rezepte rüberschicken? Ich möchte das gerne mal ausprobieren.«

Klar, das macht Lisa echt gerne, und sie bedankt sich auch noch ausgiebig bei mir dafür, dass ich sie um Rat gefragt habe. Immerhin habe ich wenigstens meine Freundin glücklich gemacht mit meinen nicht vorhandenen veganen Kochkünsten. Hätte ich ja gleich draufkommen können, dass veganes Hack nicht schmeckt. Entweder ich mag Fleisch, dann esse ich Fleisch, oder ich mag es nicht, dann versuche ich auch nicht, seinen Geschmack nachzuahmen. Anfängerfehler. Doch Otto Normalverbraucherin kann im Supermarkt schnell den Eindruck gewinnen, dass eine Prämisse des Veganertums der Einsatz von Fleischersatzprodukten ist. Was totaler Quatsch ist. Ich werde also dranbleiben und notiere

☐ Ernährung umstellen

auf meiner Krisenserviette, bevor ich herzhaft in ein Salamibrot beiße und mich dreimal beim heiligen Geist dafür bedanke, dass es so köstlich schmeckt. – Vegan kann ich schließlich auch später noch werden.

Krisenfahrplan

- ☐ Lisa befragen
- ☑ Brief an Kosmetikfirmen
- ☑ Cremes ausprobieren
- ☐ neues Hobby?
- ☐ Familie und Freunde um Hilfe bitten
- ☐ neues Instrument
- ☐ richtig kriseln
- ☐ Berufung ausleben
- ☐ Mann mehr einbinden
- ☐ Mann im Auge behalten
- ☐ mich nicht unerträglich aufspielen … oder auf jeden Fall …
- ☐ Beeinflussung der U-Kurve
- ☐ Affirmationen
- ☐ mehr lachen
- ☐ mehr Zeit für mich selbst finden
- ☐ Werte definieren
- ☐ Meditieren lernen und üben
- ☐ Ernährung umstellen

ELTERN-ELTERN

Eltern sind nicht nur Eltern, sondern sie haben auch Eltern. Und wer sollte besser wissen und erklären können, wie es ist, durch die Mid Mom Crisis zu gehen, als die eigene Mama? Also greife ich zum Telefon, um den Erfahrungsschatz meiner Mutter in Sachen Krisenbewältigung abzurufen.

»Hallo, Mom«, beginne ich das Gespräch. Es ist irgendwie schön, dass es in meiner Familie jemanden gibt, der genauso genannt wird wie ich, und es gefällt mir zu sehen, dass meine Mutter ihre Rolle als Vorbild bisher nicht losgeworden ist. Ein Hoffnungsschimmer für meine Zukunft, für die Zeit, nachdem meine Söhne ausgezogen sind.

»Hallo, Schatz«, begrüßt sie mich, wie immer bester Laune.

»War es eigentlich hart für dich, als wir ausgezogen sind?«, falle ich mit der Tür ins Haus und meine mit *wir* meine Schwester und mich.

»Überhaupt nicht!« Im Hintergrund klappert Geschirr. »Es war toll!«

Ich schlucke.

»Weil wir so nervtötend waren?« Den provokanten Unterton kann ich mir nicht verkneifen.

»Ihr wart die allerbesten Kinder, die man haben kann«, bekräftigt meine Mutter schnell. »Aber es war eben einfach schön zu sehen, wie ihr selbstständig in die Welt rauszieht, ohne selbst traurig darüber zu sein. Wieso sollte ich da wehmütig werden? Ich habe ja nichts verloren, sondern im Gegenteil: Ich habe Freiheiten dazugewonnen. Und eure Zimmer.« Im Geiste kann ich ihr Grinsen vor mir sehen.

Ja, daran erinnere ich mich noch genau. Kaum waren wir weg, wurden unsere Kinderzimmer annektiert. Was mich aber nie gestört hat. Schließlich hatte ich ein neues Zuhause, konnte aber trotzdem jederzeit meine Eltern besuchen.

»Verstehe«, gebe ich deshalb zurück. »Und wie war das für dich, als wir als Teenager nach und nach immer selbstständiger wurden und wir dich nicht mehr so sehr gebraucht haben? Hattest du da so etwas wie eine Mid Mom Crisis?«

»Was für ein Ding?« Meine Mutter rumort weiter in der Küche herum.

»Na ja, eine Krise – weil du dich nutzlos gefühlt hast?«

»Haha!«, lacht meine Mutter auf. »Nutzlos? Ich war nie nutzlos. Du weißt doch, der Garten, dein Vater, die Finanzen … Es gab und gibt immer so viel zu tun, ich habe einfach keine Zeit für Langeweile und schon gar nicht für so einen Krisen-Quatschkram.«

Klingt beruhigend, finde ich. Allerdings lässt sich das Muttertier von damals auch nicht vergleichen mit uns Müttern heute. Zwar hängt am Elternsein immer der ganze Haushaltskrempel dran, doch waren die Erwachsenen früher trotzdem viel mehr mit sich selbst beschäftigt, als sie es heute sind. Heute gibt es die sogenannten Helikoptereltern überall. Ich möchte mich da gar nicht ausnehmen und behaupte, dass ich tatsächlich viel näher dran bin an meinen Kindern, als meine Mutter es früher war. Als Kind bin ich alleine oder mit meiner Schwester im Ort unterwegs gewesen, niemand hat mich durch die Gegend gekarrt oder ständig nachgefragt, ob ich denn mein Sportzeug schon gepackt habe. Niemand hat sich mit meinen Hausaufgaben beschäftigt, es gab keine Telefonate mit Lehrern und es hat auch keiner irgendwelche Play-Dates für mich arrangiert. *Ich* habe das alles geregelt. Ich war damals schon selbstständig, viel mehr, als meine eigenen Kinder es heute sind, wofür sie aber gar nichts können. Nein, die heutigen *Eltern* sind es, die den Kindern ihre eigentliche Selbstbestimmung oft nehmen. Meine Mutter hatte im Ergebnis einfach nicht so viele hausgemachte Eigentlich-nicht-wirklich-nötig-Aufgaben, die plötzlich mit dem Teenageralter der Kinder wegfielen, wie wir Eltern heute. Was hinten runterfiel, waren am Ende »bloß« so lästige Dinge wie Wäscheberge bewältigen, Massen an Essen ranschleppen und vielleicht der jährliche Elternsprechtag. Heute sind wir dagegen in so vielen Bereichen involviert, wir machen uns um alles und jedes Sorgen, sodass das Erwachsenwerden der Kinder auch viel größere Lücken im Leben der Eltern hinterlässt. Ist die Mid Mom Crisis also ein Phänomen der heutigen Zeit? Eine Modeerscheinung des Helikopterelternzeitalters?

»Schatz, ich hab da noch eine Frage«, unterbricht meine Mutter meine logischen Schlussfolgerungen. »Da gibt es so ein Problem mit meinem Laptop. Wenn ich ihn einschalte und dann meine E-Mails aufrufe, …«

Es folgt eine kleine Lerneinheit zum Thema Computerkunde meinerseits. Nicht, dass ich da besonders bewandert wäre, aber meinen Eltern bin ich in diesen Dingen trotzdem himmelweit überlegen. Insgesamt nehmen Gespräche dieser Art stetig zu. Mit meiner Schwester berate ich mich über die Belange meiner Eltern, als seien *sie* unsere Kinder, die es zu betüddeln gilt. Was auch manchmal zu Gegenwehr führt. Unsere Eltern wollen nämlich nicht derart behandelt werden. Schließlich ist es nicht einfach, sich aus den gewohnten Rollenbildern rauszubegeben, für keinen der Beteiligten. Alle Eltern werden mit zunehmendem Alter bedürftiger, was nicht nur ihnen, sondern auch uns als ihren Kindern wehtut. Schließlich waren sie immer die Felsen in der Brandung, die uns Kinder auffangen und retten mussten. Dieser Umstand kehrt sich langsam, aber sicher um.

Auch bei mir als Mutter hat dieser Prozess bereits eingesetzt, und zwar in beide Richtungen. Meine Söhne sind mir technisch jetzt schon weit voraus. Sie wissen über Dinge Bescheid, die für mich wie reine Science-Fiction anmuten, und ich lasse mir bereitwillig die technischen Neuheiten erklären. Um sie sofort wieder zu vergessen. Deswegen verkneife ich mir auch, genervt zu sein, wenn meine Eltern mich zum x-ten Mal bitten, ihnen die Funktionsweise ihres Smartphones zu erklären. Es ist einfach der normale Gang der Dinge.

◻ Elternrolle überdenken

landet deswegen auf meiner Krisenserviette.

»Toll. Danke, mein Schatz.« Meine Mutter klingt erleichtert, nachdem ich ihr eine halbe Stunde lang erklärt habe, wie Onlinebanking funktioniert. Sie muss ja nicht wissen, dass ich vorher Nachhilfe bei Joshi hatte.

»Gerne«, gebe ich zurück.

Auch wenn es mir egoistischerweise ein bisschen negativ aufstößt, dass meine Mutter so überhaupt kein Problem damit hatte, uns Kinder damals gehen zu lassen, habe ich etwas aus unserem Gespräch gelernt: Unsere Krise ist selbst gemacht. Wir beschäftigen uns heute viel ausgiebiger mit dem Leben unserer Kinder, was die Krise verstärkt, weil die Lücke, die entsteht, wenn die Kinder flügge werden, dadurch größer wird. Umso wichtiger ist es, diese Lücke rechtzeitig zu schließen. Durch Hobbys, Jobs, Beziehungen. Zum Beispiel durch die Beziehung zu den eigenen Eltern, die nach und nach mit zunehmendem Alter immer mehr Zeit beanspruchen werden. Was schön ist. Und sinngebend. Und ich freue mich jetzt schon darauf, wenn ich später als alte Omi meine Söhne im Zweiwochentakt ausgiebigst dazu befragen darf, wie sich denn mein Flugmobil auf ultimative Schallgeschwindigkeit beschleunigen lässt.

Und plötzlich bin ich ganz sicher, dass mein Glücksfaktor dann einen ansehnlichen Freudenhüpfer machen wird …

Krisenfahrplan

- ☑ Lisa befragen
- ☑ Brief an Kosmetikfirmen
- ☑ Cremes ausprobieren
- ☐ neues Hobby?
- ☐ Familie und Freunde um Hilfe bitten
- ☐ neues Instrument
- ☐ richtig kriseln
- ☐ Berufung ausleben
- ☐ Mann mehr einbinden
- ☐ Mann im Auge behalten
- ☐ mich nicht unerträglich aufspielen ... oder auf jeden Fall ...
- ☐ Beeinflussung der U-Kurve
- ☐ Affirmationen
- ☐ mehr lachen
- ☐ mehr Zeit für mich selbst finden
- ☐ Werte definieren
- ☐ Meditieren lernen und üben
- ☐ Ernährung umstellen
- ☐ Elternrolle überdenken

SISTAHOOD

Insgesamt wünsche ich mir, dass wir Frauen solidarischer miteinander umgehen. Wir sollten uns nicht kritisch beäugen und miteinander rivalisieren, sondern einen offenen Umgang miteinander pflegen, vor allem in Krisenzeiten. Wir sollten vor allem nicht so tun, als sei alles immer toll und mega und wunderbar. Ist es nämlich oft einfach nicht, und ein Miteinander kann sehr heilsam sein in solchen Momenten.

Frauen sind schon erstaunliche Wesen. Jede ist einzigartig, besonders, ein großartiges Individuum, und doch sind wir uns selbst oft nicht genug. Wie kommt es, dass wir untereinander derart konkurrieren, dass wir uns laufend vergleichen müssen? Frauen scannen Frauen. Ständig. Sieht sie besser aus als ich? Ist sie schlanker? Schlauer? Besser angezogen? Das läuft – zumindest bei mir – ganz unbewusst ab, eigentlich will ich das gar nicht, aber trotzdem schalte ich häufig auf Vergleichsmodus, ohne vorher irgendwelche Kriterien dafür festgelegt zu haben. Warum machen wir das? Ich glaube, es geht alleine um das Bedürfnis, nicht benachteiligt zu sein. So, als würde uns jemand zuflüstern, dass beispielsweise die schöne Haut unseres Gegenübers uns selbst einen schlechteren Status verleiht. So, als sei der Posten »Frau mit schöner Haut« durch diese *Eine* nun bereits besetzt und für uns nicht mehr erreichbar. Was natürlich völliger Quatsch ist!

Wie kommt es, dass wir Frauen so denken? Wieso gehen wir nicht davon aus, dass wir alles sein können, und zwar *gleichzeitig* neben vielen anderen? Und wieso machen wir unseren Wert oft davon abhängig, was Männer von uns denken? Ehrlich Ladys, das sollte uns doch total schnuppe sein! Geschmäcker sind verschieden, und es gibt nicht nur den einen passenden Kerl auf dieser Welt.

Dieses auf Äußerlichkeiten beschränkte Denken macht uns das Leben schwer. Wieso ist uns so wichtig, wie wir aussehen? Wie wir nach außen wirken?

Ich google ein bisschen herum und finde eine psychologische Erklärung dazu: Frauen sind es demnach gewohnt, von Männern in Bezug auf ihr Äußeres bewertet zu werden. Sie passen sich daher einem von Männern diktierten Schönheitsideal an und kritisieren an weniger angepassten Frauen lautstark herum. Frauen fühlen sich mächtig, wenn sie »schön« im Sinne der männlichen Definition sind, und finden sich in Wirklichkeit aber gefangen in ihrer oberflächlichen Denke.

Es geht also bei uns Frauen auch heute noch in der Bewertung von uns selbst meist nicht um Leistung und Macht, sondern um unser Äußeres. Wie wunderbar für die leistungsorientierten Männer, denn dadurch kommen wir ihnen nicht in die Quere. Blöd für uns, weil wir uns tagein, tagaus bekriegen müssen, nur weil bei der da drüben die Haare mehr glänzen oder die Beine länger sind. Wäre es nicht viel schlauer, wenn wir uns zusammenschließen würden? Wenn wir nicht gegeneinander, sondern *miteinander* arbeiten würden? Wir schwächen uns doch nur selbst, wenn wir uns gegenseitig ausbooten, warum unterstützen wir uns nicht stattdessen? Wir könnten gemeinsam einfach geballt schön sein und gleichzeitig mit unserer Leistung den Männern zeigen, wo der Haken hängt.

Ich habe sie selbst erlebt, die Konkurrenz unter Frauen, in Konzernen zum Beispiel ist sie allgegenwärtig. Da wird geklappert und gelästert, jede ist sich selbst die Nächste. Frauen sind echt gefährlich, sie kämpfen subtil gegeneinander, fechten ihre Fights still und heimlich aus, während die Männer unbemerkt und ohne viel Aufsehens an ihnen vorbeiziehen, einfach, weil sie ihre stinknormale Arbeit machen. Männer unterstützen und fördern sich gegenseitig, nachdem sie klargemacht haben, wo sie stehen. Frauen behindern sich absichtlich. Und zwar auch, weil erfolgreiche Frauen in der Gesellschaft als zickig gelten. Sie wirken angeblich unsympathisch. Mächtige Männer dagegen werden verehrt.

Leute, da stimmt doch was nicht! Ich mag nämlich Frauen. Und Zusammenhalt. Mit Frauen. Frauen sind einfach toll! Auch oder gerade, wenn sie etwas leisten. Und das teile ich ihnen auch mit. Ich schmeiße sehr gerne mit ernst gemeinten Komplimenten um mich. Wir sollten es wertschätzen, wenn Frauen Ziele erreichen, sie bestärken und ihre Leistung anerkennen, statt nach äußeren Umständen zu suchen, die zufällig den Erfolg herbeigeführt haben könnten. Die Optik wird fälschlicherweise sehr gerne angeführt, wenn es um weiblichen Erfolg geht.

Ist doch toll, wenn eine Frau erfolgreich ist, ich gönne es ihr von ganzem Herzen. Und ist sie auch noch schön, sollten wir ehrlichen Beifall klatschen. Wir können doch nur von ihr lernen, sie nimmt uns ja nichts weg.

Neid dagegen macht bloß hässlich, und zwar innerlich, was viel schlimmer ist als ein unansehnliches Äußeres.

Und wenn wir irgendwann endlich an diesem Punkt des Wohlwollens angekommen sind, können wir auch gleich dazu übergehen, uns einzugestehen, wenn Dinge kacke laufen. Zum Beispiel in der Krise.

Wir können unsere Sistas einfach auf der Straße ansprechen, auch wenn sie vermeintlich schöner und erfolgreicher sind als wir selbst, und sagen: »Du, ich fühle mich echt total mies, mein Gesicht ist von Falten übersät und in mir ist diese Leere, weil meine Kinder selbstständig werden und ich nichts mit mir anzufangen weiß. Und by the way: Du siehst einfach toll aus!«

Und die Unbekannte würde antworten: »Dankeschön für das Kompliment, das freut mich! Und das, was du mir erzählst, kann ich gut verstehen, mir geht es oft genauso kacke. Aber weißt du was? Falten sind total egal, und was die Kinder angeht: Jetzt hast du mehr Zeit für dich! Ich bin gerade unterwegs zu einem Italienischkurs, komm doch einfach mit, wir brauchen dringend noch Verstärkung in unserer Gruppe, du bist bestimmt eine Bereicherung. Und by the way: Dein Kleid ist echt der Hammer!«

Hach, das wäre doch toll, findet ihr nicht? Schließlich beschäftigen uns alle die gleichen coolen und doofen Dinge, wir sitzen im selben Boot und sollten uns nicht einfach über Bord schmeißen, sondern uns lieber die Ruder teilen.

Denn es gibt nur einen Weg: vorwärts! Das Leben geht weiter, egal, wie es spielt, egal, wie alt wir sind. Und gemeinsam ist es doch einfach viel schöner.

Wir Frauen haben alle Möglichkeiten. Nichts ist beschränkt. Es gibt nicht immer nur *die Eine*, die etwas erreichen kann, für *Jede* ist Platz. Auch nebeneinander *und* gleichzeitig. Dabei gilt: Alles kann, nichts muss. Wir müssen nicht alles machen, was geht. Wir können uns beschränken, uns auf ein oder zwei Dinge konzentrieren, die uns beflügeln. Wir *müssen* auch nicht alle in irgendwelchen Vorständen sitzen oder Bestseller schreiben oder zum Mond fliegen. Aber wenn wir Bock drauf haben, warum nicht?!

☐ Frauenpower stärken,

notiere ich als weiteren Punkt auf meiner Krisenserviette.

Und jetzt werde ich mir gleich mal ein paar Infos zur Astronautenausbildung beschaffen, und vielleicht finde ich bei Google irgendeine der tausend coolen Frauen, die ich anrufen und dazu befragen kann, wie sie denn dahin gekommen ist, wo sie heute steht. Und sie als meine neue Mentorin wird sich freuen über meinen Anruf und wird mich unter ihre Fittiche nehmen, bis ich irgendwann neben ihr im Raumschiff sitze mit unfassbar wunderbarer Aussicht, und wir werden ohne Ende Astronautennahrung futtern, während es uns beiden total schnuppe ist, wie viele Falten oder Pölsterchen sich unter unseren supercoolen Anzügen und Helmen verstecken oder wie viele Kerle zu unseren Verehrern zählen …

Krisenfahrplan

- ☑ Lisa befragen
- ☑ Brief an Kosmetikfirmen
- ☑ Cremes ausprobieren
- ☐ neues Hobby?
- ☐ Familie und Freunde um Hilfe bitten
- ☐ neues Instrument
- ☐ richtig kriseln
- ☐ Berufung ausleben
- ☐ Mann mehr einbinden
- ☐ Mann im Auge behalten
- ☐ mich nicht unerträglich aufspielen ... oder auf jeden Fall ...
- ☐ Beeinflussung der U-Kurve
- ☐ Affirmationen
- ☐ mehr lachen
- ☐ mehr Zeit für mich selbst finden
- ☐ Werte definieren
- ☐ Meditieren lernen und üben
- ☐ Ernährung umstellen
- ☐ Elternrolle überdenken
- ☐ Frauenpower stärken

THE LORD OF SPORT

Auf meiner Krisenserviette gibt es den Punkt »neues Hobby?«, versehen mit einem Fragezeichen, weil ich überhaupt keinen Plan habe, welches Hobby für mich passen könnte. Also stöbere ich durch Instagram und schaue mal, was meine Kolleginnen so machen. Ich sehe vor allem eins: Sie machen Sport. Manometer, die haben vielleicht Topkörper Profisportlerin wollte ich eigentlich nicht gleich werden. Warum machen die das? Wollten diese Frauen schon immer mal hart für definierte Bauchmuskeln trainieren, oder geht es um etwas völlig anderes? Jedenfalls sammeln sie mit ihren Posts jede Menge Beifall klatschender Follower. Klar, das stärkt das Selbstbewusstsein. Die Ladys werden nicht einfach mit zunehmendem Alter unsichtbar, im Gegenteil, sie präsentieren sich öffentlich und zeigen, was sie draufhaben bzw. was sie eben nicht draufhaben, also Speck oder so.

Für mich absolut nachvollziehbar. Ich habe auch gar nichts daran auszusetzen. Ich bewundere diese Frauen für ihren Ehrgeiz und ihr Durchhaltevermögen, solche Körper bekommt man nämlich nicht geschenkt, die sind richtig harte Arbeit. Also hinterlasse ich meine Likes und gucke, dass ich mich da vom Acker mache. Instagram wird nicht mein Hobby, und auch nicht die Anhäufung von Muskeln. Aber ich könnte es ja mal mit Tennis versuchen? Einfach so, zum Spaß. Oder wie wäre es mit Volleyball? Fußball ist nicht mein Ding, aber wie sieht es mit Basketball aus?

Völkerball, blitzt es durch meine Gedanken, mit dem Gefühl von Unwohlsein. Bälle und ich waren bisher keine Freunde. Bälle fliegen unkontrolliert durch die Gegend, oder kontrolliert, nämlich um mich mit voller Wucht abzuballern. Sofort ist es wieder da, das Zittern während der Wahl des Teams im Sportunterricht, wie oft habe ich bis zum Schluss auf der Bank gehockt, weil keiner mich haben wollte. Puh! Das war ganz schön hart. Grenzt an Mobbing, finde ich, und sollte unbedingt verboten werden, diese Art der Diskriminierung balluntauglicher Menschen wie mich. Ob es diese öffentliche Teamwählerei wohl noch gibt? Und ob meine sportlichen Söhne das genauso gemein handhaben wie die körperlich total überlegenen Jungs von früher? Ich muss sie auf jeden Fall fragen und ihnen klarmachen, dass sie sich gefälligst nett verhalten und die Schwächsten aufmuntern sollten, es wird schließlich nicht jeder als Sportskanone geboren.

Und wenn ich so darüber nachdenke, ist es vielleicht gut, mich jetzt gerade, also in fortgeschrittenem Alter, einem Ballsport hinzugeben, um meine Phobie zu besiegen und daran zu wachsen. Schließlich kann ich überall nachlesen, dass dort, wo die Angst ist, Wachstum möglich ist. »Verlasse deine Komfortzone«, fordere ich von mir selbst und frage meinen Sohn um Rat in Sachen Ballsport.

»Klar zeige ich dir, wie das geht«, erklärt Tim stolz und dribbelt mit seinem Basketball um mich herum. Meine Söhne sind mir haushoch überlegen – in so gut wie jeder Sportart. Ich bin Kategorie *Sport ist Mord*, sie sind die *Lords of Sport*. Warum sollten sie mir nicht helfen, meine Hobbylücke zu schließen und mich in die Sphären der Ballsportarten einführen?

Und tatsächlich: Nach ein paar Übungswürfen treffe ich sogar.

»Ein Dreier«, freut sich Tim, was mir zwar nichts sagt, sich aber gut anhört. Und es stimmt schon, das Gefühl, wenn der Ball ohne viel Aufsehens aus wirklich riesengroßer Entfernung geräuschlos durchs Ziel zischt, kribbelt ordentlich in der Magengegend.

Vielleicht gehe ich auch mal wieder mit Tim mit und schaue mir eines seiner Spiele am Wochenende an, früher war ich schließlich ein Dauerzaungast.

»Autsch!« Weil ich inmitten meiner Träumereien nicht aufgepasst habe, hat mich der Ball voll erwischt und mir beim Auffangen den Finger umgebogen – Tim lacht und kann nicht glauben, was für ein Jammerlappen ich bin.

»Reiß dich mal zusammen, Mom«, tönt er ganz erwachsen, und als ich mich weigere, meine restlichen Finger dieser Gefahr weiter auszusetzen, bemängelt er mein Durchhaltevermögen.

»Wollen wir doch mal sehen, wer hier das Weichei ist«, brumme ich und buche nach tiefem Kramen in meinem Gedächtnis und plötzlicher, freudiger Erinnerung eine Reitstunde – für uns beide. Reiten war nämlich früher meine Leidenschaft, und ich glaube, Reiten ist wie Fahrradfahren, das verlernt man nicht. Pferde sind eigentlich nicht Tims Ding, doch nach seinen abfälligen Bemerkungen über meine Unsportlichkeit kann er jetzt nicht in Sachen Vierbeiner kneifen.

Zwei Tage später sind wir im Stall. Und plötzlich ist es da, das Gefühl von Glückseligkeit, das mich als kleines Mädchen eingehüllt hat, sobald ich mich mit den großen Tieren umgeben habe. Es klingt richtig albern, aber ich fühle mich von ihnen wie magisch angezogen.

Vielleicht geht es meinen Söhnen ähnlich in der Gegenwart von Bällen? Gut, die sind nicht lebendig, geben also eigentlich nichts zurück, sie haben kein Fell und fressen nicht, aber trotzdem scheinen sie für meine Jungs existenziell wichtig zu sein. Wehe, wenn das Training ausfällt, die Laune sackt gleich in den Keller.

Wieso habe ich bloß so lange damit gewartet, wieder aufs Pferd zu steigen? Ich hätte das viel früher angehen sollen! Klar, keine Zeit und so, aber wenn ich ehrlich bin, hätte ich mir diese paar Stunden schon nehmen können. Vielleicht war es mir einfach nicht wichtig genug. Alles hat eben seine Zeit. Und alles geschieht aus einem bestimmten Grund. Wahrscheinlich ist gerade hier und heute der richtige Zeitpunkt, wieder zum Pferdemädchen zu mutieren. Also, Leute, Schluss mit der Suche, ich habe mein neues Hobby schon gefunden! Beziehungsweise mein neues altes Hobby. Es spricht schließlich nichts dagegen, sich auf die Dinge zu besinnen, die uns als Kind erfüllt haben. Wir können daran anknüpfen und unsere neu dazugewonnene Zeit mit alten Hobbys aufwerten. Ist doch viel besser, als ständig nur Zaungast bei den Sportarten der eigenen Sprösslinge zu spielen!

»Da willst du echt drauf?« Ungläubig sieht Tim von seinem Pony rüber zu meinem riesengroßen Ungetüm, und ich verrate ihm nicht, dass die Größe täuscht, denn meist sind die Riesen sanft, während die Kleinen es faustdick hinter den Ohren haben.

»So, dann wollen wir den Lord mal trensen«, meint die Reitlehrerin und reicht mir das Zaumzeug rüber. Kein Problem für mich, jeder Handgriff sitzt, und auch die Fachbegriffe flutschen wie geschmiert. Und schließlich darf ich ein paar Minuten später mit dem Pferd verschmelzen zu einer wunderbaren Einheit – und, wer sagt's denn? Tim staunt nicht schlecht, wie seine ballmäßig so uncoole Mama sich auf den Sattel und damit den Rücken des riesigen Pferdes schwingt. Hier komme ich, frisch aufgebackenes Pferdemädchen, mit meinem eigenen, echt flauschigen und sanft aus braunen Augen schauenden Lord of Sport ... und galoppiere ab sofort mit ihm durchs Leben.

Krisenfahrplan

☑ Lisa befragen
☑ Brief an Kosmetikfirmen
☑ Cremes ausprobieren
☑ ~~neues Hobby?~~ altes Hobby wiederbeleben
☐ Familie und Freunde um Hilfe bitten
☐ neues Instrument
☐ richtig kriseln
☐ Berufung ausleben
☐ Mann mehr einbinden
☐ Mann im Auge behalten
☐ mich nicht unerträglich aufspielen ... oder auf jeden Fall ...
☐ Beeinflussung der U-Kurve
☐ Affirmationen
☐ mehr lachen
☐ mehr Zeit für mich selbst finden
☐ Werte definieren
☐ Meditieren lernen und üben
☐ Ernährung umstellen
☐ Elternrolle überdenken
☐ Frauenpower stärken

EMPTY-NEST-SYNDROM

Weiter in der Zukunft mündet die Mid Mom Crisis womöglich in das sogenannte *Empty-Nest-Syndrom*. Was das bedeutet, liegt auf der Hand. Oder im Nistkasten, der bei uns gut einsehbar im Garten hängt. Vogeleltern sind die fleißigsten Wesen, die ich kenne, authentisch besungen in den Kinderliedern aus der Vogelhochzeit von Rolf Zuckowski. Unser hauseigenes Meisenpaar jedenfalls kehrt jedes Jahr wieder. Beginnend ungefähr Mitte Februar schwirrt es ausdauernd um unseren Nistkasten herum. Es baut ein Nest hinein, aus winzigen Ästen und Moos, in Arbeitsteilung. Dann, irgendwann, verschwindet ein Elternteil von der Bildfläche. Es ist das Weibchen, das die Eier legt und ab sofort ins Haus abkommandiert ist, um Tag und Nacht zu brüten, ob es möchte oder nicht (siehe Rolf Zuckowski), während der Mann sie mit Futter versorgt. Zugegeben, es gibt in der Tierwelt auch Szenarien, bei denen diese Aufgabe andersherum verteilt ist: zum Beispiel bei den Pinguinen. Bei ihnen brütet der Mann, die Frau füttert, und beide haben alle Hände voll zu tun.

So weit, so gut, zurück zu den Meisen. Wenn dann schließlich die Brut geschlüpft ist, fliegen *beide Eltern* wieder durch die Gegend und stopfen die hungrigen Mäuler so gut sie können. Vogelbabys sind ziemlich erbarmungslos, wie ich erfahren musste, schwächere Geschwister werden einfach nach unten weggetreten, während die Stärkeren sich weiter den Bauch vollschlagen. Sie sperren ihre kleinen Schnäbel auf, und wer am lautesten piept, kriegt was zu futtern. Ich beneide die Eltern nicht um ihre Aufgabe. Was für ein Stress, alle zwei Sekunden Essen ranschaffen zu müssen, das auch noch lebendig herumschwirrt. Da gehe ich lieber einmal in der Woche in den Supermarkt und stelle pro Tag drei Mahlzeiten auf den Tisch. Keine Ahnung, ob Vogeleltern selbst überhaupt etwas fressen in dieser Zeit oder ob sie die Babyaufzucht zum Fasten nutzen. Immerhin ist der Zeitraum der Kinder-Fütterei begrenzt. Nach circa 22 Tagen verlassen die Jungvögel das Nest. Sie werden dann noch ein paar Tage draußen weiter versorgt, doch schließlich fliegen sie davon, um ihr eigenes Glück zu suchen. Ade, ihr lieben Eltern, auf Nimmerwiedersehen.

Da haben wir es also: Was zurückbleibt, ist das leere Nest.

Wie ist es für das Meisenpaar, wenn die Brut ausfliegt? Was fühlt es? Sitzen die beiden heulend im Kasten und können es nicht fassen, dass die Kinder futsch sind? Empfinden sie Leere bei dem Gedanken, nicht mehr ständig piepende Schnäbel stopfen zu müssen? Und: Was machen Meisen, wenn sie nicht gerade brüten? Also die restlichen zehn Monate eines Jahres?

Ich glaube ja, die sind heilfroh. Die hängen einfach ab und faulenzen. Vielleicht haben auch Vögel Marotten und Hobbys, denen sie nachgehen, auf jeden Fall genießen sie ihre Freiheit. Sie schwelgen nicht in Erinnerungen, sondern freuen sich darüber, ihrem Nachwuchs Flügel verliehen zu haben. Vielleicht auch Wurzeln, dafür kenne ich mich in der Vogelwelt nicht genügend aus, aber ihr Sinn des Lebens scheint mir erfüllt zu sein.

Und wie ist es bei uns Menschen? Weit nach der Abnabelung unserer Kinder während der fortschreitenden Pubertät ziehen die lieben Kleinen ebenfalls irgendwann ganz aus der elterlichen Wohnung aus. Vor allem für Mütter kann dieser Umstand im berüchtigten *Empty-Nest-Syndrom* enden. Eine weitere Krise, während der Eltern ihre Traurigkeit darüber verdauen müssen, dass die Kinder gegangen sind und es plötzlich still und einsam im Familienheim geworden ist.

Der Auszug der Kinder symbolisiert für uns den Abschluss eines weiteren Lebensabschnittes. Es fühlt sich an wie Verlassenwerden, während wir uns gleichzeitig Sorgen darum machen, ob unsere Sprösslinge ohne ihre Eltern da draußen überhaupt klarkommen.

Hier wäre für mich der richtige Weg, die eigene Trauer zuzulassen. Wir dürfen traurig sein, wenn uns danach ist, und zwar so lange, bis wir wieder nach vorne schauen können. Unsere Kinder sind ja nicht verloren gegangen, sie leben bloß an einem anderen Ort, und unsere Beziehung zu ihnen darf sich wandeln, wir müssen uns nur eben daran gewöhnen.

Wessen Lebensinhalt sich während der Mid Mom Crisis bereits auf verschiedene Dinge verteilt und sich nicht nur auf die eigenen Kinder konzentriert, wird es mit Sicherheit auch in der Auszugsphase leichter haben. Sind die Kinder zu diesem Zeitpunkt nicht der einzige Lebenssinn, fällt es viel einfacher, Abschied zu nehmen und den Nachkommen zu erlauben, ihre frisch gewachsenen Flügel in der großen, weiten Welt auszuprobieren.

Daher ist es gut, genau jetzt dem Gang der Dinge ins Auge zu blicken und die aktuelle Krise, also die Mid Mom Crisis, aktiv zu gestalten. Sie ist eine Chance, eine Einladung hinein in einen neuen Lebensabschnitt, der bereits heute auf uns wartet. Diesen Schritt kann Frau vorbereiten.

Zum Beispiel kann ich schon heute blöde Dinge notieren, die mit dem Auszug der Kinder wegfallen. Ich weiß ganz genau, was mich alltäglich nervt und worauf ich gut verzichten könnte.

Da sind zum Beispiel diese Unterhosen-in-Hosen-Knäuel, die wie zusammengeschweißt vor unseren Wäschekörben landen. Wieso schaffen die Jungs es nicht, die Klamotten einzeln auszuziehen? Nein, Unterhose und Hose werden in einem Stück von den Beinen geschüttelt, bücken muss man sich dafür auch nicht, das Knäuel wird einfach – einmal an den Knöcheln angekommen – mit den Füßen vom Körper entfernt. In einer wunderbaren Symbiose. Derjenige, der die Waschmaschine füllt, darf das Ganze dann mühsam entwirren. Nein danke, sage ich dazu!

Des Weiteren nervt es mich total, dass die Jungs ihre Jacken nicht im Eingangsbereich aufhängen können. Die kommen rein und hinterlassen ein heilloses Chaos auf dem Boden. Jetzt könnten böse Stimmen behaupten, wir hätten unsere Söhne einfach mal besser erziehen sollen – da kann ich nur laut lachen. Was haben wir geredet! Geschrien, gemeckert, vorgelebt, wie es richtig geht. Wir haben die Jacken sogar als Fußabtreter angepriesen, denn was auf dem Boden liegt, kann ja nur dafür gedacht sein. Doch es hat bis heute nichts geholfen. Die Jacken landen auf dem Boden. Immer. – Das brauche ich nicht. Aber ich freu mich schon auf den Moment, wenn ich meine Söhne in ihren neuen, natürlich frisch polierten Behausungen besuchen komme – obwohl, wer mag es schon, wenn die eigene Jacke als Fußabtreter genutzt wird?!

Und dann wäre da noch die Plünderung des Kühlschranks. Hölle. Am schlimmsten ist es, wenn ich gerade vorher einkaufen war. Ständig wird die Tür aufgerissen und das Innere des Kühlschranks ganz genau inspiziert. Natürlich ist es ein Unding, die bereits geöffneten Packungen zuerst aufzubrauchen, nein, für die Söhne nur das Beste, es *muss* die frische Käseschachtel geschlachtet werden. Die Jungs futtern sich einfach wild durch die ganzen Vorräte, zu jeder Tageszeit. Gut, wenn ich in der Nähe bin, trauen sie sich nicht immer, aber sobald die Küche unbewacht ist, wird geplündert. Leute, das nervt total! Wer soll so den Überblick behalten? Und außerdem: Wer hat schon Bock, gleich am nächsten Tag wieder einkaufen zu gehen? Ja, diese elendige Einkauferei kann mir auch sehr gerne gestohlen bleiben. Kann der Mann übernehmen, ob er mag oder nicht, ich brauch ja nicht viel …

Worauf ich auch verzichten kann, ist die Diskutiererei. Ich habe schon überlegt, mal einen Rhetorikkurs zu besuchen, denn die Jungs werden immer ausgebuffter in ihren Argumentationen. Da kommt Mama irgendwann nicht mehr mit. Was soll man auch sagen, wenn Sohnemann am Ende einfach auf unsere Beschwerden hin standardisiert mit »Pech!« antwortet? Meist geht es um Pillepalle, zum Beispiel darum, wann denn endlich Filme ab 16 Jahren ange-guckt werden dürfen oder warum der große Bruder mehr Taschengeld bekommt als der kleine. Oder es geht einfach um *nichts*. Die Jungs brechen manchmal bloß aus einer Laune heraus einen Streit vom Zaun. Sie wollen mich nur testen, das weiß ich schon, und ich falle doch jedes Mal wieder darauf herein. Das kostet wahnsinnig viel Kraft, die ich lieber in andere, schöne Dinge stecken möchte. Also weg mit den Diskussionen! Braucht Frau nicht!

Wirklich nervtötend ist auch das Mama-Gerufe durch das ganze Haus. Als hätten die Jungs keine Beine, um sich in meine Richtung zu bewegen, um dann aus nächster Nähe mit mir zu besprechen, wie viele Vokabeln sie heute noch lernen müssen. Ich mag Gespräche von Angesicht zu Angesicht. Also bin ich dazu übergegangen, nicht mehr zu reagieren, wenn durchs Haus gebrüllt wird. Leider sind die Jungs aber sehr ausdauernd, vor allem, wenn sie meinen, ich hätte sie nicht gehört. Dann schreien sie nur umso lauter. Kann ebenfalls weg, das.

Und zuletzt will ich mich nie, nie, nie wieder mit Schulthemen beschäftigen müssen. Schule nervt total! Eigentlich sollte man davon ausgehen, dass Kinder das alleine machen, aber so ist es leider nicht. Sie brauchen Mamas Hilfe. Plötzlich sehe ich mich wieder wild gewordenen Brüchen und schrägen Tangenten ausgesetzt. Ätzend! Ich hasse Mathe! Und muss mich aber durchbeißen, damit die Jungs ansatzweise klarkommen. Scheußlich!

Mir würden bestimmt noch zig andere Dinge einfallen, auf die ich gut und gerne verzichten könnte und auch möchte.

☐ Nerv-Liste anfertigen

gehört also unbedingt auf meine Krisenserviette.

Und wenn ich mir diese ganzen Punkte jetzt immer mal wieder vor Augen führe, also wenn ich über eine am Boden liegende Jacke steige, um mit den Jungs darüber zu diskutieren, warum sie sich vom Kühlschrank fernzuhalten haben, während mein Kopf über einer Algebra-Aufgabe brütet, brülle ich – um nicht verrückt zu werden – ganz laut nach meiner Mama, der es wahrscheinlich genau in diesem Moment in den Ohren klingelt, auch wenn sie eigentlich viel zu weit entfernt wohnt, um mich zu hören. Ich würde sagen, wenn ich das hinkriege und mich auf den Wegfall dieser Unannehmlichkeiten freue, habe ich das fiese Empty-Nest-Syndrom schon fast besiegt ...

Krisenfahrplan

- ☑ Lisa befragen
- ☑ Brief an Kosmetikfirmen
- ☑ Cremes ausprobieren
- ☑ ~~neues Hobby?~~ altes Hobby wiederbeleben
- ☐ Familie und Freunde um Hilfe bitten
- ☐ neues Instrument
- ☐ richtig kriseln
- ☐ Berufung ausleben
- ☐ Mann mehr einbinden
- ☐ Mann im Auge behalten
- ☐ mich nicht unerträglich aufspielen ... oder auf jeden Fall ...
- ☐ Beeinflussung der U-Kurve
- ☐ Affirmationen
- ☐ mehr lachen
- ☐ mehr Zeit für mich selbst finden
- ☐ Werte definieren
- ☐ Meditieren lernen und üben
- ☐ Ernährung umstellen
- ☐ Elternrolle überdenken
- ☐ Frauenpower stärken
- ☐ Nerv-Liste anfertigen

EIN BISSCHEN BESTECHUNG WIRD JA WOHL ERLAUBT SEIN

»Wie nehmt ihr mich eigentlich wahr?«, frage ich meine Söhne, während sie mir beim Abendessen gegenübersitzen.

Zwei Augenpaare blicken mich ratlos an.

»Also – was denkt ihr von mir als Mama? Findet ihr, ich habe mich verändert in der letzten Zeit, oder vielleicht sollte ich etwas ändern?«, erläutere ich meinen Vorstoß.

»Ähm«, räuspert sich Tim und wechselt einen verunsicherten Blick mit seinem Bruder. »Also du könntest schon manchmal ein bisschen ...«

»... mehr erlauben«, ergänzt Joshi. »Papa ist nie so streng.«

Tim nickt bestätigend. Die Miene der Jungs wechselt zu erwartungsvoll.

»Das meine ich nicht«, wehre ich ab. Mir ist klar, dass ich als die immer Allgegenwärtige in unserem Haushalt die Buhfrau bin, die Verbieterin und Spielverderberin. Auch wenn ich nun beschlossen habe, zukünftig mich selbst mehr in den Vordergrund zu stellen, wird sich daran kaum etwas ändern. Ich könnte natürlich daran arbeiten, mehr loszulassen. Ist die Katze aus dem Haus, tanzen die Mäuse zwar auf dem Tisch, doch was ich nicht seh, tut mir nicht weh. Ich werde später drüber nachdenken.

»Es geht mehr darum, wie ihr mich *seht*. Also als Frau. Als Mensch.«

»Ah«, macht Joshi, als hätte er verstanden. Ich merke ihm an, dass er in Wirklichkeit nur Bahnhof kapiert.

Tim legt den Kopf schief. »Hm. Eigentlich bist du echt ganz cool. Also ich meine dafür, dass du schon so alt und dazu noch unsere *Mutter* bist.«

Für diese Aussage erntet mein Großer einen überraschten Blick von seinem Bruder. Es ist schließlich nicht erlaubt, die eigene Mama in der Öffentlichkeit als »cool« zu bezeichnen. Mich dagegen freut das. Okay, er hat auch gesagt, dass ich alt sei, doch welche Mama möchte nicht von ihren Kindern als prima Kumpel gesehen werden?

Tim führt weiter aus: »Du hast lustige Ideen, zumindest manchmal, machst Witze, trägst nicht zu peinliche Klamotten, hast noch keine grauen Haare und kannst alles gut organisieren. Manchmal könntest du dich aber noch mehr raushalten.«

»Wo raushalten?«, hake ich nach.

»Na ja, wir sind ja keine Babys mehr. Vielleicht machst du mal was, was *dir* gefällt?«

»Du meinst also, ihr hättet kein Problem damit, wenn ich mir zum Beispiel ein neues Hobby suche und dann nicht mehr so viel zu Hause bin am Nachmittag?«

»Ja genau.« Das kommt wie aus der Pistole geschossen von beiden Jungs.

»Und wenn ich am Nachmittag mehr arbeiten würde, schafft ihr es dann, selbst klarzukommen?«

»Klar!« Empört richten sich meine Söhne auf ihren Stühlen größtmöglich auf. »Du kannst auch gerne mal verreisen. Auch *mit* Papa. Wir schaffen das schon.«

Ich schlucke. So viel Freiraum hatte ich mir gedanklich noch nicht wirklich zugestanden. Aber vielleicht haben die Jungs recht? Nein, bestimmt haben sie recht. Ich muss daran arbeiten loszulassen. Ich kann meinen Söhnen vertrauen, sie werden auch ohne ihre Mama zurechtkommen. Zumindest zeitweise und mit Unterstützung zum Beispiel von meinen Eltern. Was eigentlich toll ist. Mir aber auch Magengrummeln bereitet.

»Aber keine heimlichen Partys feiern«, feixe ich, um den Kloß im Hals wieder loszuwerden, und fuchtele mit erhobenem Zeigefinger vor den Gesichtern meiner Söhne herum.

»Niemals.« Grinsend knuffen sich die Jungs in die Seite. Sie wissen, dass ich sie durchschaue.

»Jetzt mal Spaß beiseite«, schlage ich wieder ernstere Töne an. »Wisst ihr, ich und Papa kommen jetzt in ein Alter, in dem ein Lebensabschnitt ausläuft und ein neuer startet. Das hat *auch* mit euch zu tun. Ihr werdet erwachsen und ich als eure Mama muss damit zurechtkommen, dass ihr mich immer weniger braucht. Besonders für Mamas ist das manchmal ganz schön schwierig.«

»Aber du meckerst doch immer über die dreckige Wäsche und den Einkauf und meinst, wir könnten noch keine Filme ab 16 ...«

Auf die Filmdiskussion habe ich jetzt gerade überhaupt keine Lust. Daher hake ich schnell ein: »Stimmt schon. Manches mag ich nicht so gerne.«

Tim hat recht. Es ist widersprüchlich. Ich möchte frei sein, und gleichzeitig möchte ich, dass alles so bleibt, wie es ist. Auf jeden Fall finde ich es richtig und wichtig, mit meinen Kindern über das Thema »Krise« zu sprechen und ihnen klarzumachen, in welcher Situation ich stecke. Natürlich ohne sie zu überfordern.

»Das mit den Sachen, die mich nerven, ist wie mit euren Legosteinen. Ihr spielt nicht mehr damit, könnt sie aber trotzdem noch nicht aus euren Zimmern verbannen, weil ihr viel Zeit mit ihnen verbracht und sie deswegen in euer Herz geschlossen habt. Ihr hängt dran, irgendwie. Genauso ist es mit den vielen Dingen, die eine Mama machen muss, obwohl sie eigentlich keine Lust drauf hat.«

»Ich kann ja auch mal einkaufen gehen«, schlägt Joshi vor. »Und ich kaufe dann auch nicht nur Süßkram, versprochen.«

»Und du zeigst mir, wie ich meine Wäsche waschen kann«, fordert Tim.

Hach, meine tollen großen Jungs. Da ist er wieder, der Kloß der Rührung in meinem Hals; ich versuche aber, mir nichts anmerken zu lassen. Gestern waren sie doch noch so klein, und jetzt … pfui, nicht selbst bemitleiden! Schluss damit!

»So machen wir das«, bestärke ich meine großen kleinen Söhne in dem Vorhaben, sich auszuprobieren und ihren Horizont in Richtung Selbstständigkeit zu erweitern. Auch wenn es vielleicht schmerzt – so soll es sein!

»Und das mit dieser Krise schaffen wir schon. Wir hauen die einfach um.« Joshi boxt in die Luft. »Oder wir füttern sie so lange mit Süßigkeiten, bis sie sich nicht mehr bewegen kann und ohnmächtig wird.«

»Gute Idee«, lache ich.

»Cool!« Joshi strahlt. Dann hat er eine Idee: »Wenn du mir jetzt gleich das Geld dafür gibst, besorge ich alles, was wir für die Krisenfütterung brauchen.«

»Schlau sind sie«, denke ich und drücke beiden Söhnen augenzwinkernd tatsächlich ausnahmsweise ein paar Euros für ein bisschen Süßkram in die Hand. Damit ihre Mama noch ein Stückchen cooler wird. Ein bisschen Bestechung wird ja wohl erlaubt sein …

DER KRISENTEST

Es gibt laut Internet verschiedene Anzeichen dafür, dass Frau in einer Krise steckt. Um ganz sicherzugehen, mache ich also den Krisencheck und notiere diesen immer mal wieder zu wiederholenden Vorgang außerdem als To-do auf meiner Krisenserviette:

◻ Krisencheck machen

Die Krisenanzeichen sind demnach folgende[10]:

1. Gewicht verlieren wollen bzw. wirklich Gewicht verlieren

Also Gewicht verloren habe ich kürzlich schon mal nicht. Leider. Kann ja nie schaden, die Pölsterchen zu reduzieren. Ups, muss ich dann den Punkt *Gewicht verlieren wollen* vielleicht bejahen? Nein, das glaube ich nicht. Denn ich denke nicht aktiv darüber nach, was ich tun könnte, um Gewicht zu verlieren. Dieses erste Anzeichen ist bei mir also negativ.

2. Apathisch sein (keine Interessen/keinen Enthusiasmus haben)

»Tim!«, brülle ich durchs ganze Haus. »Komm sofort runter und räum deinen Kram auf dem Küchentisch zusammen!«

Was soll ich sagen, ich habe wirklich riesengroßes Interesse daran, dass unser Zuhause nicht zu einem Saustall umfunktioniert wird. Und mit sehr viel Enthusiasmus verfolge ich dieses Ziel. – Also kann ich dieses zweite Anzeichen ebenfalls verneinen, apathisch bin ich nicht.

3. Sich selbst als nicht genug empfinden

Dazu komme ich gar nicht. Keine Ahnung, ob ich mich als genug empfinde. Aber solange ich nicht tiefgründiger darüber nachdenke oder nicht ständig irgendwelche Unzulänglichkeiten an mir entdecke, ist in meinen Augen alles gut.

4. Auftreten von physischen Problemen infolge von emotionalen Themen

Das kenne ich bisher nur von den Jungs: »Mir geht's richtig schlecht!«, jammert Joshi und verzieht das Gesicht.

»Hm«, brumme ich. »Könnte das vielleicht an deiner Mathe-Schulaufgabe liegen, die morgen ansteht?«

Mein Sohn reißt entsetzt die Augen auf. Was den Vorwurf ausdrücken soll, wie ich unbarmherzige Mutter bloß darauf komme, dass er mir was vorflunkern würde?

»Nein, ehrlich, Mom! Mein Bauch tut soooo weh, der platzt gleich!«

»Wie wäre es dann mit einem Eis?« Sehr hinterhältig, ich weiß, aber ich kenne eben meine Pappenheimer.

»Tja, na ja …« Joshi ringt mit sich. »Ein Eis kann ja nicht schaden, oder?«

Erwischt! Klar, solche physischen Leiden der Jungs sind meist mit emotionalen Themen verbunden. Für meine eigenen Leiden gilt das aber ab und an ebenfalls. »Du, mir geht's nicht gut, mein Kopf schmerzt schon den ganzen Tag«, nutze ich auch manchmal als Ausrede für ungeliebte Termine. Aber nur ganz selten, versprochen …

5. Sich selbst tiefgründige Fragen stellen

Ja, das kommt tatsächlich vor. Gerade jetzt im Moment, also während ich dieses Buch schreibe, stelle ich mir ziemlich viele tiefgründige Fragen. Wer bin ich? Was will ich? Wohin führt mein Weg? Das nur als einige Beispiele. Was sehr anstrengend ist, aber auch viel Spaß macht. Könnte tatsächlich aber auch ein erstes Anzeichen der anstehenden Krise sein …

6. Überstürzt handeln aufgrund von unüberlegten Entscheidungen

Es wäre ziemlich überstürzt, die Waschmaschine zu zertrümmern, weil sie plötzlich ihren Dienst verweigert. Sowas mache ich normalerweise nicht. Aber zählt dazu, wenn ich unüberlegt einen wochenlangen Hausarrest anordne, weil die Jungs zum wiederholten Mal mit echt heftiger Verspätung nach Hause gekommen sind? Ja, das könnte ich als überstürzte Handlung einordnen. Denn eigentlich ist mir nicht geholfen, wenn sie bei ihrem Hausarrest dann ständig hier zu Hause rumhängen und mir die Ohren volljammern, weil ihnen so langweilig ist. Da kriege ich dann die Krise, aber nicht die, um die es in diesem Buch geht. Ihr wisst schon. Also beherrsche ich mich lieber, was für diesen Punkt Entwarnung bedeutet.

7. Möglichkeiten runterbrechen

Gedanken wie »Dazu bin ich leider zu alt« oder »Ich könnte jetzt wegen meiner Familie nicht einfach so für drei Monate ins Ausland ziehen« habe ich schon manchmal. Aber noch ist es nicht so, dass ich mir ständig vorrechne, was alles nicht (mehr) geht. Und gerade die Texte in diesem Buch haben mir gezeigt, dass sehr wohl vieles möglich ist oder gerade jetzt in diesem Stadium wieder möglich wird.

8. Nachts wach liegen

Nein, das kommt bei mir nicht vor. Ich schlafe wie ein Stein. Noch. Wahrscheinlich muss ich derzeit noch die vielen schlaflosen Nächte aus Babyzeiten wieder reinholen, bevor ich mir krisöses Wachliegen erlauben kann …

9. Eine negative Sicht auf die Zukunft haben

Na ja, meine Zukunfts-Sicht ist gemischt. Nachdem ich jetzt von der U-Kurve des Glücks weiß, tendiere ich aber mehr hin zu positiv.

10. Ständig gelangweilt sein

Momentan ist mir eigentlich niemals langweilig. Noch brauchen die Jungs mich aber auch für ihre Angelegenheiten. Wenn sie selbstständiger werden und ihre Ansprüche an mich weiter zurückschrauben, ist es wichtig, gut aufgestellt zu sein. Also werde ich versuchen, nie Langeweile einkehren zu lassen. Ich könnte zum Beispiel schon mal den nächsten Urlaub planen oder Reiten oder einen Zeichenkurs ausprobieren, eine neue Sprache lernen oder, oder, oder … Unzählige Möglichkeiten.

11. Ein überragendes Gefühl der Leere haben

Ja, das habe ich manchmal. Ganz plötzlich aus dem Nichts, und zwar immer dann, wenn eine meiner Aufgaben plötzlich und unerwartet wegfällt. Oder nach einer der kleinen Zurückweisungen vonseiten der Jungs. Dann kommt es vor, dass ich mich leer fühle, wie jemand, der nicht mehr gebraucht wird. Doch »überragend« ist dieses Gefühl noch nicht, und ich werde alles tun, um es nicht so groß werden zu lassen.

12. Die eigene Erscheinung für mehr als wichtig halten

Haha! Soll das ein Witz sein? Meine Erscheinung spielt eine dermaßen untergeordnete Rolle, da bemerke ich eher einen Fleck auf dem Küchentisch als ein Salatblatt in meinem Gesicht. Nein, meine Erscheinung ist kein großes Thema.

13. Oder die eigene Erscheinung für komplett egal halten

Ups, das hätte ich besser mal gelesen, bevor ich mich zu meiner Erscheinung geäußert habe. Aber »komplett egal« ist auch übertrieben. Na gut, manchmal fragen die Jungs schon: »Was hast du denn da an, Mom?«

»Das trägt man heute so!«, erkläre ich dann halbherzig.

Hm, eigentlich ist es schon irgendwie wichtig, wie ich nach außen wirke. Zumindest in Maßen ist das wohl gesund und dann auch nicht schädlich.

14. Von sich selbst denken, dass man alt ist

Tja, denke ich, »dass ich alt bin«? Das ist schwierig. Kommt auf die Sichtweise an.

»Wie war das eigentlich früher?«, fragt mich Joshi, bezogen auf die Dauer seiner Bildschirmzeit.

»Wann früher?«, lote ich aus.

»Na ja, also damals, als du noch jung warst?«, stellt er klar. Ich ziehe die Augenbrauen hoch, was ihm nicht entgeht. Höflich, wie mein Sohn zumindest manchmal ist, ergänzt er: »Also, als du so ungefähr 30 warst ...«

Puh! Wenn ich meine Söhne frage, bin ich also alt. Aber solange ich mich nicht so fühle und nicht ständig darüber nachdenke, ist doch alles gut, oder? Und wenn sich das dann mal ändert, frage ich die Jungs eben einfach nicht mehr, sondern vergleiche mich ab sofort mit mindestens 80-Jährigen ... Ziemlich guter Plan, finde ich.

15. Stimmungsschwankungen haben

Ja, das trifft bei mir zu. Manchmal fühle ich mich okay und dann auch wieder nicht. Das ist situationsabhängig. Wobei ich diesen Aspekt nicht meinem Alter oder der spezifischen Krise zuordnen würde. Schließlich gibt es solche Wechselbäder der Gefühle schon immer, jede Altersstufe hat ihre Vor- und Nachteile. Eine Krise kann ich daraus nicht ableiten.

16. Zu denken, die besten Jahre sind vorüber

Ich sage nur: U-Kurve des Glücks!!!

17. An jedem schlechten Tag glauben, man hat eine Midlife Crisis

Das bejahe ich gerne! Denn es ist doch total einfach, alles auf die olle Krise zu schieben. Die ist schuld, sobald was schiefläuft, ist doch klar! Und sie ist der Grund, warum wir dringend mal wieder ein Yoga-Retreat buchen müssen oder einen day off brauchen. Von allem. Was herrlich wohltuend ist, und damit die Krise danach wieder von vorne anfangen kann ...

Krisenfahrplan

- ☑ Lisa befragen
- ☑ Brief an Kosmetikfirmen
- ☑ Cremes ausprobieren
- ☑ ~~neues Hobby?~~ altes Hobby wiederbeleben
- ☐ Familie und Freunde um Hilfe bitten
- ☐ neues Instrument
- ☐ richtig kriseln
- ☐ Berufung ausleben
- ☐ Mann mehr einbinden
- ☐ Mann im Auge behalten
- ☐ mich nicht unerträglich aufspielen ... oder auf jeden Fall ...
- ☐ Beeinflussung der U-Kurve
- ☐ Affirmationen
- ☐ mehr lachen
- ☐ mehr Zeit für mich selbst finden
- ☐ Werte definieren
- ☐ Meditieren lernen und üben
- ☐ Ernährung umstellen
- ☐ Elternrolle überdenken
- ☐ Frauenpower stärken
- ☐ Nerv-Liste anfertigen
- ☐ Krisencheck machen

DIE TORTENLÜGE

»Nicht noch einen Riegel!«, ermahne ich Tim, der mal wieder die Speisekammer plündert. Und zwar beginnend mit allem, was Zucker enthält. Nicht, dass wir davon Unmengen vorrätig hätten – die Jungs garantieren dafür, dass dies nie geschehen kann. Ich erinnere mich noch an die Zeiten, als sie so klein waren, dass ich mich vor ihren Augen in die Kammer begeben und von der seelenheilenden Schokolade naschen konnte. Heute ein Ding der Unmöglichkeit. Als würden wir Erwachsenen mit dem Älterwerden der Kinder unser Recht auf individuellen Süßkramgenuss verwirken. Ich kann nicht eine einzige Nascherei ungestraft zu mir nehmen, sofort muss ich mindestens die Hälfte abgeben oder unmittelbar für Ausgleich sorgen wegen der Ungerechtigkeit, die die Jungs viel zu oft viel zu hart trifft durch meinen angeblich ausschweifenden Süßigkeitenkonsum. Oder durch den von meinem Mann. Immerhin wird hier nicht zwischen den Elternteilen unterschieden. Was eigentlich auch nicht richtig ist, denn meine Ansprüche sollten hier vor allen Ansprüchen der anderen Familienmitglieder Vorrang haben, schließlich habe ich die Zeit und die Mühe investiert, das

Zeug ranzuschaffen. Aber gut. Tim verharrt weiter vor dem Regal in der Hoffnung, ich ändere meine Meinung und lasse ihn gewähren.

»Zwei Riegel sind echt genug«, bestärke ich jedoch mein Verbot. »Wenn ich ständig Schokolade in mich reinfressen würde, dann wäre ich ...«

»Jaja«, mault mein Sohn. »Du musst immer alles vermiesen. Ich freu mich schon, wenn ich so alt bin wie du, dann kann ich endlich essen, was ich will!« Damit zieht er ab. Wo er Unrecht hat, hat er Unrecht. Sollte mein Sohn ebenfalls Kinder haben, wird er die Quittung für diese Aussage noch früh genug bekommen.

Trotzdem kann ich seine Ansicht nachvollziehen. Schließlich habe ich früher – da ist es schon wieder, dieses blöde Wort –, ich meine damals, als ich so alt war wie Tim, gedacht, dass ich später mal richtig glücklich vor mich hin schlemmen kann, denn als alte Omi wären mir mein Aussehen und meine Gesundheit dann ja schnuppe. Da könnte ich ruhig in die Breite gehen, während ich mir genussvoll eine Torte nach der anderen reinziehe, ohne Reue.

Dass das totaler Schwachsinn ist, weiß ich heute leider ganz genau. Denn damals dachte ich nicht an mich als 80-jährige Oma, sondern an mich als ungefähr 50-Jährige. Mit Anfang 40 erkenne ich aber heute schon, dass ich Torten auch in Zukunft nicht eine nach der anderen und ohne Reue konsumieren sollte. Der Genuss derselbigen hat ja Konsequenzen, und Gesundheit geht schließlich vor. Man will sich eben nicht immer mit dem Arzt über seine Cholesterinwerte unterhalten. Tja, der Tortentraum ist ausgeträumt. Insgesamt gestaltet sich also die Zukunft, so wie wir sie uns früher ausgemalt haben, in Wirklichkeit ganz anders.

Ich dachte damals beispielsweise auch, alle Rentner würden jeden Tag ewig lange ausschlafen. Dem ist nicht so. Entweder ihnen drückt irgendwo der Schuh und der Schlaf ist sowieso im Eimer, oder sie wollen als Rentner tatsächlich noch was erleben. Könnte ja sein! Außerdem weiß ich inzwischen, dass ewig langer Schlaf gar nicht so gesund ist wie gedacht. Klar, als junge Eltern wünscht man sich nichts sehnlicher als ein paar Stunden Schlaf am Stück, aber mehr als acht sollten es laut Wissenschaft eben doch nicht sein.

Auch die Idee, dass alle Rentner glücklich zum Beispiel im Sonnenstaat Florida vor sich hin brutzeln dürfen, ist überholt. Denn ältere Leute haben durchaus andere Sorgen. Die eigenen Kinder zum Beispiel und eventuelle Enkelkinder möchte ich zumindest in späteren Jahren gerne häufig treffen, und vielleicht sieht es auch finanziell nicht ganz so rosig aus, wie ich mir das früher mal vorgestellt habe. Außerdem weiß ich nicht, wie es dann um meine eigenen Eltern stehen wird. Sie werden mit den Jahren immer hilfsbedürftiger und brauchen wahrscheinlich vermehrt meine Unterstützung. Wie soll ich das alles von Florida aus managen?

Insgesamt macht es Sinn, sich mehr auf das Hier und Jetzt zu konzentrieren. Weder der ständige Rückblick noch ein ausgiebiges Planen der Zukunft führen zu Zufriedenheit und Gelassenheit. Die Vergangenheit lässt sich nicht ändern, und die Zukunft kann man zwar gestalten, aber nicht kontrollieren. Sie bringt, was sie eben bringt, und ich für meinen Teil nehme mir vor, das Beste daraus zu machen. Mit einem positiven Mindset und der Annahme, dass es für jedes Problem eine Lösung gibt, ist in meinen Augen schon viel gewonnen. Außerdem wäre es ja ziemlich öde, wenn ich heute schon genau wüsste, was morgen passiert. Oder nächste Woche, oder in fünf Jahren. Ich *will* das gar nicht wissen. Denn dann müsste ich mir ja jetzt schon Sorgen über Dinge machen, die ich momentan vielleicht gar nicht ändern kann. Und das wäre doch ziemlich blöd. Also, liebe Wahrsagerinnen dieser Erde, mich bekommt ihr nicht, ich bleibe lieber ahnungslos und tappe meiner Zukunft blind entgegen. Denn sie kann nur großartig werden. Diese Krise hilft mir dabei, mich neu zu definieren, mich in den Mittelpunkt zu stellen und mein Leben nach meinen Vorstellungen zu gestalten. – Was unter anderem nicht möglich ist, wenn man nicht lernt, auch mal *Nein* zu sagen. Klar kann so ein Sinneswandel einige über lange Jahre gewachsene Erwartungshaltungen der anderen enttäuschen, aber wenn ich mich selbst nicht wertschätze, wie sollen dann meine Mitmenschen mir die Wertschätzung entgegenbringen, die ich verdiene?

Werden Kinder selbstständiger und können schließlich auf eigenen Beinen stehen, verschiebt das die Rollen in einer Familie. Alle Rollen. Auch die des Mannes! Für den Mann, der in der heutigen Zeit noch immer meist als der Versorger agiert, bedeutet das Schwinden der Abhängigkeit seiner Familie auch einen Machtverlust, den er zu verkraften hat. Vielleicht führt unter anderem dieser Aspekt Männer in ihre Midlife Crisis. Frauen hingegen gewinnen meist an Selbstvertrauen und Eigenständigkeit, sofern sie einen guten Weg durch die Krise finden.

☐ Eigenständigkeit überprüfen

landet auf meiner Krisenserviette.

Das Wort impliziert die Fähigkeit, auf eigenen Füßen zu stehen. Frauen sollten dabei vor allem die finanzielle Seite gut bedenken. Denn häufig machen sie sich in diesem Punkt – oft unbewusst – teilweise oder sogar komplett abhängig von ihrem Mann, und zwar spätestens sobald die lieben Kinder geschlüpft sind. Junge Mütter arbeiten in Teilzeit oder auch gar nicht mehr, sodass sie zum Beispiel nach einer Trennung kaum wieder auf die Füße kommen können. Im Alter haben zudem auch verheiratete Frauen meist keinen oder nur einen sehr geringen Rentenanspruch, der nach einer Scheidung mit hundertprozentiger Sicherheit in die Altersarmut führt.

Ich kann daher alle Frauen nur ermutigen, sich so früh wie möglich um die eigenen Finanzen zu kümmern! Wir Frauen können es selbst in die Hand nehmen und mit unseren Partnern faire Regelungen vereinbaren und zumindest diese Zukunft planen. Es gibt sowohl online, als auch in diversen öffentlichen Podcasts sehr viel Input zu diesem Thema, oft frauenspezifisch aufbereitet. Also ran an eure Knete, Ladys, denn das Geld, das ihr nicht in Torten oder teure Floridareisen stecken möchtet, könnt ihr heute schon nutzen, um für eure finanzielle Zukunft vorzusorgen!

Und mit diesen weisen Worten stehle ich mich unbemerkt in unsere Speisekammer und schnappe mir den letzten Schokoriegel der Saison. Schließlich muss ich für die Zukunft sparen! Bam!

Krisenfahrplan

☑ Lisa befragen
☑ Brief an Kosmetikfirmen
☑ Cremes ausprobieren
☑ ~~neues Hobby?~~ altes Hobby wiederbeleben
☐ Familie und Freunde um Hilfe bitten
☐ neues Instrument
☐ richtig kriseln
☐ Berufung ausleben
☐ Mann mehr einbinden
☐ Mann im Auge behalten
☐ mich nicht unerträglich aufspielen … oder auf jeden Fall …
☐ Beeinflussung der U-Kurve
☐ Affirmationen
☐ mehr lachen
☐ mehr Zeit für mich selbst finden
☐ Werte definieren
☐ Meditieren lernen und üben
☐ Ernährung umstellen
☐ Elternrolle überdenken
☐ Frauenpower stärken
☐ Nerv-Liste anfertigen
☐ Krisencheck machen
☐ Eigenständigkeit überprüfen

PLÖTZLICH COVERGIRL

Wenn ein neues Kapitel beginnt, ist es Zeit, das alte gehen zu lassen. Aber natürlich nicht, ohne es vorher genau betrachtet und ihm gehuldigt zu haben. Wäre doch gelacht, wenn ich Wikipedia nicht beweisen könnte, dass mein bisheriges Leben richtig klasse war (siehe Kapitel Die Blockflöten-Exorzistin).

Na gut, da gab es sicher positive *und* negative Dinge. Aus heutiger Perspektive habe ich auf jeden Fall einen viel besseren Überblick über Geschehenes als damals, während ich mittendrin steckte. Wer hätte damals zum Beispiel gedacht, dass gerade die Misserfolge und traurigen Ereignisse sich im Nachhinein als Glücksfälle entpuppen würden?

Hätte XY – ich hab doch tatsächlich den Namen vergessen – beispielsweise nicht mit mir Schluss gemacht, dann wäre ich heute vielleicht nicht mit meinem wunderbaren Mann zusammen. Damals aber, also mit Mitte 20, dachte ich, meine Welt bricht zusammen. Eine Krise, wie sie im Buche steht. Oder eben nicht. Denn im Nachhinein bin ich unendlich dankbar dafür, dass ich den Typen los bin.

Auch berufliche Fehlschläge wie Kündigungen erscheinen uns in dem jeweiligen Moment als Katastrophe, im Nachhinein aber sind sie wahrscheinlich die Chance unseres Lebens. Es ist nämlich so, dass wir die Zusammenhänge nicht vorhersehen und planen können. Erst im Nachhinein erkennen wir die Verknüpfungen und lernen den Wert der Ereignisse – auch der schlechten! – zu schätzen. Sie ergeben auf erstaunliche Weise plötzlich Sinn. Dies ist wunderbar nachzulesen bzw. mitzuverfolgen in der tollen Rede von Steve Jobs vor den Absolventen der Uni Stanford im Jahr 2005, die ich nur jedem ans Herz legen kann.[11]

Ich kann mir jedes bahnbrechende Ereignis aus der Vergangenheit genau anschauen und mir die Frage stellen: »Was wäre gewesen, wenn …?«, und dann so richtig schön rumspinnen.

Wenn also mein Sohn sein Tennisturnier verliert und deswegen richtig miese Laune hat, wie gerade jetzt, wenn er mir mit seinem Gejammer darüber, was er bei welchen Schlägen hätte besser machen können und warum er es jetzt *auf keinen Fall mehr* auf der Liste weiter nach oben schaffen kann, mega auf den Keks geht, dann nehme ich ihn beiseite und flüstere ihm zu:

»Weißt du, Joshi, wahrscheinlich sollte es einfach so sein, dass du heute nicht gewinnst. Vielleicht hättest du sonst vor Freude einen Luftsprung gemacht und wärst so blöd aufgekommen, dass du dir den Knöchel verknackst hättest mit der Folge, dass Tennis für den Rest des Jahres komplett gestrichen wäre. Oder dein Gegner hätte vor lauter Wut über deinen Sieg auf dem Nachhauseweg einen Fahrradunfall gehabt, wer weiß?! Deswegen kann ich dir nur den Rat geben, es anzunehmen, wie es ist. Es kann gut sein, dass du irgendwann in der Zukunft plötzlich erkennst, wofür deine Niederlage heute gut war.«

Joshi verzieht das Gesicht. Klar, er ist noch jung, er versteht das Zusammenspiel der Ereignisse noch nicht. Im Gegensatz zu mir natürlich. Ich habe eine echte, lang dauernde Vergangenheit und mag meinen überlegenen Blickwinkel.

Deswegen ist es gut, dankbar zu sein für das, was war. Außerdem gibt es noch das *Jetzt*. Auch daran finde ich viel Gutes. Vielleicht mag es dem ersten Anschein nach ein bisschen lächerlich anmuten, sich jeden Morgen hinzusetzen und aufzuschreiben, für was wir im Moment dankbar sind. Nach zehn Tagen wäre mein Vorrat jedenfalls erschöpft, ich würde mich wiederholen. Da kann ich dann entweder auf einen Wochenrhythmus umsteigen oder zunächst – wie oben beschrieben – aus der Vergangenheit schöpfen. Warum nicht zuerst aufschreiben, was *gewesen* ist? Sicher interessiert es meine Enkel brennend, wie ihre Großmama ihren Antrag bekommen hat, welche Sorgen und Ängste sie hatte, aber auch, was ihre Vorlieben und Hobbys waren. Wofür sie dankbar war und ist.

Gerne möchte ich auch mitgeben, wie es für eine Frau ist, eine Mama zu sein, und ich kann hier und heute anfangen, alles aufzuschreiben. Erst einmal nur für mich, was mir hilft, alle Ereignisse zu verarbeiten und auch besser einzuordnen, und dann, wenn ich dazu bereit bin, auch für die Nachwelt. Es ist schließlich ein Vorteil am Älterwerden, aus einem reicheren Erfahrungsschatz schöpfen zu können als mein früheres Ich.

Im Fachjargon nennt sich diese schriftliche Aufarbeitung der Ereignisse *Journaling*. Ein echter Hype im Netz. Wer mag, kann ein bisschen stöbern und die richtige Variante für sich finden. Schließlich gibt es keine Vorschriften, kein richtig oder falsch. Journaling hat nichts mit Tagebuchschreiben zu tun, sondern zielt eher auf die Gefühlswelt ab. Es wird sogar zu Therapiezwecken genutzt, ist also genau das Richtige, um uns in der Krise zu helfen.

Als Arbeitsgrundlage genügt ein Stift und ein einfaches Notizbuch. Wobei ein hübsches mit ansprechendem Muster wahrscheinlich mehr zum Schreiben anregt als ein schnöder Collegeblock. Da hab ich doch glatt eine Idee: Das Wort »Journaling« kommt von dem Begriff »Journal«, es handelt sich um ein journalistisches Produkt, es ist eine Zeitung über mich. Und da ich und meine Gefühlswelt im Mittelpunkt dieses natürlich total angesagten Magazins stehen, liegt doch absolut auf der Hand, wer heute noch zum überragendsten Covergirl aller Zeiten ernannt wird?! Ich natürlich! Das muss noch ein bisschen geplant werden, ich werde die Jungs einspannen als Fotografen, sie können mir zuarbeiten. Fotografie ist überhaupt ein spannendes, kreatives Feld, vielleicht hat es das Zeug dazu, ein neues Hobby zu werden, wer weiß? Was aber jetzt schon sicher ist: Ich hab das Zeug zum Model.

▢ Journaling,

schreibe ich also auf meine Krisenserviette, und auf einmal fällt mir auf, dass ich mit meinen Notizen auf diesem Krisenfahrplan bereits begonnen habe zu journalen. Vielleicht knöpfe ich mir die Punkte noch mal einzeln vor und schreibe meine Gedanken dazu. Das würde mich bestimmt wie von selbst ein bisschen weiterbringen …

Krisenfahrplan

☑ Lisa befragen

☑ Brief an Kosmetikfirmen

☑ Cremes ausprobieren

☑ ~~neues Hobby?~~ altes Hobby wiederbeleben

☐ Familie und Freunde um Hilfe bitten

☐ neues Instrument

☐ richtig kriseln

☐ Berufung ausleben

☐ Mann mehr einbinden

☐ Mann im Auge behalten

☐ mich nicht unerträglich aufspielen ... oder auf jeden Fall ...

☐ Beeinflussung der U-Kurve

☐ Affirmationen

☐ mehr lachen

☐ mehr Zeit für mich selbst finden

☐ Werte definieren

☐ Meditieren lernen und üben

☐ Ernährung umstellen

☐ Elternrolle überdenken

☐ Frauenpower stärken

☐ Nerv-Liste anfertigen

☐ Krisencheck machen

☐ Eigenständigkeit überprüfen

☐ Journaling

MUTTERTAG – EINE ABRECHNUNG

»Alles Liebe zum Muttertag, Mami!« Joshi fällt mir um den Hals, während Tim mir unbeholfen einen großen Strauß Frühlingsblumen entgegenstreckt.

»Danke, ihr Süßen!« Lächelnd und mit einem sonnigen Gefühl nehme ich Umarmung und Blumen entgegen. Sogar mein *Ihr Süßen*, was normalerweise völlig verpönt ist, wird ohne mit der Wimper zu zucken akzeptiert. Früher habe ich auch selbst gemalte Bilder bekommen, doch seit das uncool geworden ist, begnüge ich mich mit dem Gebotenen. Vielleicht könnte ich auch komplett auf Geschenke verzichten. Denn eigentlich bin ich keine Freundin des allgegenwärtigen Muttertags.

Begründet wurde der Muttertag in den USA von der Methodistin Anna Marie Jarvis. Zu Ehren ihrer verstorbenen Mutter etablierte sie ein sogenanntes *Memorial Mothers Day Meeting*, das schließlich allen Müttern gewidmet wurde. Anna Marie Jarvis setzte sich dafür ein, dass später ein offizieller Feiertag daraus wurde, den man schnell auch international beging. In Deutschland feiern wir den Muttertag beispielsweise seit 1923. Aufgrund seiner wachsenden Kommerzialisierung änderte die Gründerin ihre Einstellung gegenüber dem Muttertag und kämpfte am Ende sogar für seine Abschaffung[12]. Erfolglos, wie wir heute sehen.

Da fällt mir ein, dass ich meine eigene Mama noch anrufen muss. Unser Ritual läuft so ab, dass ich mich melde und ihr gratuliere, woraufhin sie anmerkt, wie egal ihr der Muttertag sei:

»Hallo, Mama.« Lachen am anderen Ende der Leitung. Sie weiß genau, was kommt. »Alles Liebe zum Muttertag!«

»Ach, ist das heute? War mir entfallen. Aber schön, dass du anrufst, ich hab da mal eine Frage zu meinem Computer …«

Meine Mutter hegt eine instinktive Gleichgültigkeit gegenüber dem althergebrachten Muttertag. Womit sie recht hat. Denn das jahrhundertealte Mutterbild ist nicht das, was ich an meiner Mama feiere, es geht nicht etwa ums *Am-Herd-Stehen* oder um das hochgelobte *Sichaufopfern* für die Familie, wie wir es auf kitschigen Grußkarten anlässlich des Muttertages überall zu lesen bekommen. Selbstaufgabe sollte nicht gefeiert werden, wobei ich natürlich nichts dagegen einzuwenden habe, wenn Frauen voll in ihrer Mutterrolle aufgehen, gerne dem klassischen Mutterbild entsprechen und sich dafür zu Recht hochleben lassen. Muttersein ist schließlich harte Arbeit. Wichtig ist mir nur, dass alle Frauen selbst entscheiden können sollten, was für eine Mutter sie sein möchten.

Insgesamt kann ich als das Kind meiner Mama nicht behaupten, dass ich sie bewundere, *weil* sie meine Mutter ist oder sich mir gegenüber besonders mütterlich – was auch immer das bedeuten mag – verhalten hat. Ich bewundere sie vielmehr aufgrund ihrer Eigenheiten. Sie hat studiert, obwohl das zu ihrer Zeit für Frauen noch eher ungewöhnlich war, und sie war Segelfliegerin. Würde ich mich nie trauen. Sie war schon immer ein Quell guter Laune und hat einen unglaublich grünen Daumen. Sie könnte ganze Parks planen und anlegen, und wenn sie sich mit Pflanzen beschäftigt, geht ihr das Herz auf. Für uns Kinder war das immer spürbar. Solche Momente des Glücklichseins und der Unbeschwertheit bleiben den Nachkommen in Erinnerung, nicht der wöchentliche Gang zum Supermarkt. Obwohl auch der natürlich anerkennenswert ist.

Nun ist es aber aufgrund der Allgegenwärtigkeit des Muttertags so, dass meine Kinder nicht darum herumkommen, ihn zu begehen und ihre Mama zu beschenken. Sie basteln – mehr oder weniger freiwillig – in der Schule, oder mein Mann greift ihnen unter die Arme, um mir an diesem besonderen Tag eine Freude zu bereiten.

Klar, es ist schon süß, wenn die eigenen Kinder mir huldigen, ich bin dann für 24 Stunden der absolute King. Ich entscheide, dass wir nur Rote Beete und Brokkoli essen, ewig lange Spaziergänge machen – oder noch schlimmer: einen Tag lang in der Stadt Klamotten shoppen. Die Jungs haben keine Wahl, sie müssen sich meiner Obrigkeit beugen, denn: Es ist, und das grolle ich mit richtig tiefer Stimme: MUTTER-TAG.

Was mich am Muttertag neben dem mittelalterlichen Frauenbild zusätzlich noch stört, ist, dass dieses Ereignis auf *einen einzigen Tag* beschränkt ist. WTF?! Was soll das?! Das ist so, als könne mein kompletter Einsatz in Sachen Kindergroßziehen durch einen Strauß Blumen und ein Bildchen aufgewogen werden. Als wäre nicht *jeder* Tag Muttertag. Ich will verdammt noch mal JEDEN EINZELNEN TAG ENTSCHEIDEN! Und dabei ernst genommen werden. Nie wieder soll es Widersprüche geben, denn ich bin DIE MUTTER und – habt ihr es etwa noch nicht gewusst?! – es ist Mutter*jahr*. Nein, es ist Mutter*leben*. *Mein* Mutterleben.

Außerdem gefällt mir die emotionale Aufladung dieses erfundenen Events nicht. Egal, wo ich an diesem Tag hinschaue, überall auf diversesten Medien sehe ich Mütter mit Babys. Oder wenigstens Kleinkinder. Als wäre nur die Zeit mit Minis süß, ehrenhaft und anbetungswürdig, und danach kannst du als Mama einpacken. Dabei geht es doch gar nicht darum, für immer kleine Kinderlein zu pampern, sondern das Ziel ist doch, wunderbare Kinder *großzuziehen*. Mit viel, viel Liebe. Ich möchte meine Jungs aufwachsen sehen, jeden Tag sollen sie ein bisschen reifen, bis sie eben flügge werden.

Ja, ich bin eine Mama und ich feiere mich selbst. Immer. Warum erwartet alle Welt von mir, melancholisch zu sein, nur weil das passiert, was passieren muss?

»Sie werden so schnell groß. Das musst du genießen!«, hab ich tausendmal gehört. Falsch! Muss ich nicht! Ich muss nämlich nix. Ich genieße, wann mir danach ist, und zwischendurch finde ich auch alles mal so richtig kacke. Auch mit Kleinkind oder Baby, die sind nämlich auch nicht immer nur süß. Inzwischen – und zu dieser Einsicht haben mir auch die Gedanken zu diesem Buch verholfen – empfinde ich es nämlich als Privileg, mich statt mit Windeln mit Wintersport zu beschäftigen und statt Spiegelei Spargel zu mir nehmen zu dürfen. Jedenfalls ab und zu. Mein Leben ist doch nicht zu Ende, nur weil die Industrie das so will.

Nein, ich mache es einfach wie Anna Marie Jarvis und wende mich anlässlich meiner Mid Mom Crisis, die ja ohnehin mein Leben gerade komplett umkrempelt, offiziell ab vom kommerziell gesteuerten Muttertag.

☐ Muttertag streichen

kommt sofort auf meine Liste. Den brauch ich nämlich nicht, um stolz auf mich zu sein, auf mich und auf die Mama in mir, oder auf meine Mama.

Na gut, die Geschenke, die nehme ich natürlich trotzdem gerne weiter an …

Krisenfahrplan

- ☑ Lisa befragen
- ☑ Brief an Kosmetikfirmen
- ☑ Cremes ausprobieren
- ☑ ~~neues Hobby?~~ altes Hobby wiederbeleben
- ☐ Familie und Freunde um Hilfe bitten
- ☐ neues Instrument
- ☐ richtig kriseln
- ☐ Berufung ausleben
- ☐ Mann mehr einbinden
- ☐ Mann im Auge behalten
- ☐ mich nicht unerträglich aufspielen ... oder auf jeden Fall ...
- ☐ Beeinflussung der U-Kurve
- ☐ Affirmationen
- ☐ mehr lachen
- ☐ mehr Zeit für mich selbst finden
- ☐ Werte definieren
- ☐ Meditieren lernen und üben
- ☐ Ernährung umstellen
- ☐ Elternrolle überdenken
- ☐ Frauenpower stärken
- ☐ Nerv-Liste anfertigen
- ☐ Krisencheck machen
- ☐ Eigenständigkeit überprüfen
- ☐ Journaling
- ☐ Muttertag streichen

MID MOM MOVEMENT

Im Laufe der nächsten Tage wird mir klar: Die fiese Krise ist entlarvt! Juhu! Nach meinen Recherchen steht fest, dass ich ihr gewachsen bin. Und auch, dass ich an ihr wachsen werde. Sie ist also nicht der Verlust meines seelischen Gleichgewichts, sondern ein Wendepunkt, der in ein neues, noch tolleres Kapitel führt. Eine Einladung, die ich gerne annehmen möchte. Das kann ich passiv machen, also einfach abwartend, oder ich kann die Wende *gestalten*.

Nach allem, was ich über die Mid Mom Crisis herausgefunden habe, entscheide ich mich für einen positiven Umgang mit ihr. Deswegen taufe ich die sogenannte Mid Mom Crisis ab sofort feierlich um in das *Mid Mom Movement*. Das klingt doch gleich viel besser: nach Partylaune und Zumbakurs, nach Sonnenschein, Strand, Geist und Beweglichkeit. Ich kann es kaum glauben, aber ich freue mich plötzlich total auf meine wunderbare Krise. Denn es liegt einzig und allein in meiner Hand, wie ich daraus hervorgehe und was ich daraus mache. Sie ist eine Chance, keine Last.

Vorbei sind die Zeiten, in denen nur den Männern der krisenbedingte Neuanfang vorbehalten war. Weibliche Lebensentwürfe sind total in. Und zwar sowohl alternativ zur Mutterschaft als auch ihr folgend. Die Gesellschaft sollte sich besser mal warm anziehen. Eigentlich kann sie sich sogar darauf freuen, auf die weibliche Wandlung. Denn Frauen sind vielseitig, kreativ, warmherzig, klug, intelligent und – im Fall des »nachmütterlichen« Durchstartens – sehr erfahren in allen erdenklichen Lebenslagen. Das Mid Mom Movement ist das feministische Pendent zur normalen Mid-life Crisis der Männer. Also, Leute, macht mal Platz, hier kommen wir! Denn das Leben hat immer einen Zweck – jenseits der aktiven Mutterrolle oder auch mittendrin.

»Mom, wieso hast du denn so gute Laune?« Tim kommt die Treppe herunter. Er hat mich dabei erwischt, wie ich lauthals meinen Lieblingssong vor mich hin schmettere – obwohl ich eigentlich gar nicht singen kann.

»Ach, ich freu mich einfach so sehr auf meine Krise«, erkläre ich und wuschle meinem Sohn durch die Haare. »Komm, tanz eine Runde mit mir!«

»Äh, nee, danke«, wehrt Tim ab und entzieht sich meiner Umarmung. »Muss noch Hausis machen.«

»Sorry, dass ich so cringe bin, ich kann einfach nicht anders«, rufe ich ihm hinterher, während ich weiter durchs Wohnzimmer wirble.

Nie hätte ich gedacht, dass Kriseln so viel Spaß machen würde. Beschwingt hüpfe ich ins Bad. Bei der Waschmaschine beginne ich – noch immer mit dem Lied auf den Lippen –, die Wäsche zu sortieren. Als ich die Taschen einer schmutzigen Jeans leere, fördere ich eine zerknüllte Serviette zutage: mein individueller Krisenfahrplan!

Vorsichtig streiche ich ihn glatt.

Krisenfahrplan

☑ Lisa befragen
☑ Brief an Kosmetikfirmen
☑ Cremes ausprobieren
☑ ~~neues Hobby?~~ altes Hobby wiederbeleben
☐ Familie und Freunde um Hilfe bitten
☐ neues Instrument
☐ richtig kriseln
☐ Berufung ausleben
☐ Mann mehr einbinden
☐ Mann im Auge behalten
☐ mich nicht unerträglich aufspielen ... oder auf jeden Fall ...
☐ Beeinflussung der U-Kurve
☐ Affirmationen
☐ mehr lachen
☐ mehr Zeit für mich selbst finden
☐ Werte definieren
☐ Meditieren lernen und üben
☐ Ernährung umstellen
☐ Elternrolle überdenken
☐ Frauenpower stärken
☐ Nerv-Liste anfertigen
☐ Krisencheck machen
☐ Eigenständigkeit überprüfen
☐ Journaling
☐ Muttertag streichen

So viele Punkte, so viele Denkanstöße. Was mich aber nicht nervös macht, denn ich muss nicht alles davon abarbeiten. Ich kann wählen, welche der Dinge mich glücklich machen, und ihnen nachgehen. Auf jeden Fall werde ich richtig kriseln. Ist mir egal, was mein Umfeld dazu sagt, schließlich geht es hier nur um mich und um mein Leben.

Ich stopfe die Wäsche in die Maschine, begebe mich wieder ins Wohnzimmer und klemme mich vor den Laptop.

»Mid Mom Movement«, google ich – und bin mehr oder weniger erfolglos. Umso besser, hier lässt sich also etwas Neues starten! Und ich habe auch schon eine ganz zarte Idee, wen ich dafür mit ins Boot holen kann …

DIE GEBURTSTAGSKRISE ODER: DER KRISENGEBURTSTAG

»Happy birthday to you, happy birthday to you …!«, schmettern Lisa, Susanna und Fatima durch mein Lieblingslokal. Heute ist es so weit, heute werde ich tatsächlich 40 Jahre alt. Das wird gefeiert. Mit einem Mädelsabend.

Eigentlich stehe ich nicht gerne im Mittelpunkt. Ich hasse es, wenn das ganze Restaurant zu mir rübersieht, weil ich offensichtlich die Besungene bin.

Doch heute ist alles anders. Gemäß dem Motto: »Was dich nicht umbringt, macht dich stark!« genieße ich mein Ständchen und strahle über das ganze Gesicht. Ich bin außerdem total aufgeregt, weil ich mich unbedingt mit meinen Freundinnen über meine Erkenntnisse in Sachen Mid Mom Crisis austauschen möchte. Unter lautem Gejubel beenden die Mädels ihr Lied.

»Lass dich drücken!« Nachdem alle gratuliert haben, setzen wir uns und stoßen miteinander an. Lisa mit einem Tee, wir anderen mit unserem Prosecco. Dann verteile ausnahmsweise ich als Geburtstagskind Geschenke: Die Creme und die anderen Kosmetika, die bei mir so gnadenlos durchgefallen sind, finden ihre dankbaren Abnehmerinnen. Und das, obwohl ich auf ihre Nebenwirkungen ausdrücklich hingewiesen habe.

»Auf Flavi«, ruft Susanna, nicht ohne mir mitleidig zuzuzwinkern. »Auf dass sie für immer jung bleibt, auch ohne Cremes!«

»Das will ich gar nicht«, gebe ich zurück. Die Mädels halten inne und blicken mich an. »Ehrlich, ich werde gerne älter.«

»Nicht dein Ernst!« Das müssen sie erst mal sacken lassen. Ich sehe in die Runde und fange Lisas Blick auf. Sie lächelt. Sie versteht, wovon ich spreche. Sie hat schließlich bereits ihren Frieden gefunden, ihre momentane Passion lautet Yoga, Dankbarkeit und vegane Kost.

»Schaut mal.« Verschwörerisch ziehe ich meine Krisenserviette hervor. »Ich hab ein bisschen recherchiert.«

Neugierig stecken die Mädels ihre Köpfe über meinen Notizen zusammen.

»Krisenfahrplan«, liest Fatima laut vor. Sie formt ihren Mund zu einer Schnute. »Cool, irgendwie.«

»Oder voll cringe, wie Tim sagen würde«, lache ich.

»Ha, das sagt meine Tochter auch immer zu mir«, erklärt Fatima. »Dass ich so cringe sei. Keine Ahnung, was sie damit meint.«

»Sie will damit sagen, dass du die beste Mama überhaupt bist.« Aufmunternd lächle ich Fatima an. Kinder meinen die

Dinge oft nicht so, wie sie sie äußern. Das weiß auch meine Freundin, die den Wink verstanden hat.

Wir gehen gemeinsam die Punkte durch und ich erkläre den Mädels, wie ich mich damit durch die Krise lavieren möchte.

»Jaja, die Midlife Crisis«, seufzt Susanna, »die trifft jeden irgendwann.«

»Mid *Mom* Crisis«, verbessere ich sie und führe aus, was es damit auf sich hat. Die Mädels nicken. Sie sind alle Mütter und wissen ganz genau, wovon ich spreche.

»Das wird hart«, meint Fatima.

»Gar nicht«, entgegne ich. »Die Mid Mom Crisis ist nämlich in Wirklichkeit ein Mid Mom *Movement*. Also natürlich nur, wenn ihr dafür offen seid.«

Große Augen schauen mich an. Auch der neue Begriff des Mid Mom Movements ist erklärungsbedürftig. Ich führe also aus, was es damit auf sich hat.

»Wow!« Die Mädels scheinen danach echt beeindruckt.

Lisa nimmt meine Hand: »Danke, liebe Flavi, dass du uns an deinen Erkenntnissen teilhaben lässt.«

Jetzt ruhen alle Augen auf Lisa. Fatima und Susanna haben ihre Wandlung offensichtlich noch nicht mitbekommen.

»Nein, ehrlich«, erklärt Lisa. »Das sind doch einfach großartige Neuigkeiten! Alles wird besser. Wir brauchen keine Angst vorm Älterwerden zu haben, ganz im Gegenteil. Es liegt an uns, etwas Positives daraus zu machen.«

Zufrieden nicke ich. Lisa hat verstanden. Hatte sie wahrscheinlich vorher schon.

Aus meinem Hochgefühl heraus erwäge ich kurz, eine Karriere als Heilerin anzustreben. Was aber Quatsch ist. Ich stehe selbst noch ganz am Anfang meiner Erkenntnisse und bin auch nicht weit genug in die esoterischen Sphären des Heilertums vorgedrungen.

Ich hole tief Luft, um den Mädels jetzt meinen Vorschlag zu unterbreiten, an dem ich den Rest der letzten Woche ununterbrochen herumgetüftelt habe.

»Wie wäre es denn«, wage ich den Vorstoß, »wenn wir uns zusammentun?«

»Wie meinst du das? So als Krisengang?« Susanna rührt in ihrem Drink herum.

»So ähnlich.« Ich ziehe ein weiteres Papier hervor, welches erneut von allen neugierig beäugt wird.

»Was ist das?«, möchte Fatima wissen. »Sieht nach Mathe aus!?«

»Bloß nicht!« Lisa wehrt ab, fast so energisch wie früher. »Mathe kann mir echt gestohlen bleiben. Nie wieder will ich damit was am Hut haben!«

»Musst du auch nicht«, beschwichtige ich meine Freundin. »Das kann ja Fatima übernehmen. Jede von uns kann sich ihre Rolle selbst aussuchen.« Ich platze fast vor Aufregung, weil ich so gespannt bin, wie die Mädels meine Idee finden.

»Das hier ist nämlich – ein Businessplan.«

»What the fuck?!«, entfährt es Lisa, woraufhin sie sich erschrocken die Hand vor den Mund presst. »Sorry ...«

»Du willst ein Unternehmen gründen?« Fatimas Augen glänzen.

»Nicht ich«, gebe ich zurück. »*Wir* machen das. Wir vier.«

Stille. Eigentlich müsste jetzt Rauch aufsteigen, so sehr arbeitet es in den Köpfen meiner Freundinnen.

»Wir gründen eine Firma und helfen anderen Frauen in unserem Alter dabei, konstruktiv und gut gelaunt durch die Krise zu kommen.«

»Wir machen die Mid Mom Crisis zu einem Mid Mom Movement«, murmelt Fatima leise.

»Wir *sind* das Mid Mom Movement«, ruft Susanna, ohne auf die anderen Gäste im Lokal Rücksicht zu nehmen.

»Wir sind die MMMs!«, schallt es aus Lisa heraus.

»Flavi, du bist einfach genial!« Fatima drückt meine Hand. »Das ist die beste Idee des Jahres. Ach Quatsch, unseres Lebens!«

»Danke«, freue ich mich. Ich wusste, dass ich meine tollen Freundinnen für meinen Einfall begeistern kann.

»Abgemacht, Mädels! Ran an die Arbeit!« Susanna zieht die Serviette zu sich rüber. »Wie wäre es, wenn wir Punkt 3 …«

Den Rest des Abends verbringen wir damit zu brainstormen. Die Zeit verfliegt, und als ich spätabends nach Hause laufe, spüre ich das kribbelnde Gefühl im Bauch, das ich so lange vermisst und nach dem ich gesucht habe. Den zarten Abdruck von etwas Großem, Neuem, und – das klingt jetzt vielleicht etwas albern – ich spüre die Kraft in mir, etwas Großartiges und Bedeutendes erschaffen zu können, aus dem Nichts, abseits der Mutterschaft. Wie das bekannte Sprichwort besagt: »Jedem Anfang wohnt ein Zauber inne!« Irgendwie bin ich sicher: Wir Mädels werden unsere Firma rocken und uns gleichzeitig unbeschadet gegenseitig durch die Krise bringen! Also, worauf warten wir noch?

ENDE

LITERATURHINWEISE

1   https://www.brigitte.de/liebe/beziehung/midlife-crisis-mann--anzeichen-und-tipps-11579074.html
2   https://www.parship.at/ratgeber/suchen/midlife-crisis/
3   https://www.amazon.de/M%C3%A4nner-be-sten-Jahren-Midlife-Crisis-Pers%C3%B6nlichkeit/dp/3466304563
4   https://www.geo.de/magazine/geo-wissen/19913-rtkl-midlife-crisis-warum-es-nach-der-lebensmitte-wieder-aufwaerts-geht
5   Midlife Crisis: Trennung nicht ausgeschlossen •§• SCHEIDUNG 2022; scheidung.org
6   https://karrierebibel.de/glueckskurve/
7   Glücksatlas/DHL 2019
8   https://www.michaels-schreibtisch.de/ansatz-sinn-und-werteorientierten-lebensgestaltung/
9   www.mpg.de
10 https://www.womansday.com/health-fitness/wellness/g2966/signs-of-midlife-crisis-in-a-woman/)
11 https://www.stern.de/digital/computer/rede-in-stanford-steve-jobs-ueber-leben-und-tod-3769932.html
12 https://de.wikipedia.org/wiki/Muttertag

224 Seiten
17,00 € (D) | 17,50 € (A)
ISBN 978-3-7474-0429-4

Hanna Dietz

Endlich muss ich nicht mehr wollen, was ich alles darf

Wie du entspannst, wenn du niemanden mehr beeindrucken willst

Ganz plötzlich ist dir nach Ingwertee zur Happy Hour und Relaxsessel statt Party, und die neueste Mode der Jugend verstehst du auch nicht mehr. Irgendwo Mitte 40 ist dir die Coolness abhandengekommen. Das Überraschendste daran ist: Sie fehlt dir gar nicht. Im Gegenteil! Es ist total befreiend, niemanden mehr beeindrucken zu müssen. Nicht mal mehr dich selbst.

Mit viel Witz und Charme erzählt Hanna Dietz von den Überraschungen, die die zweite Hälfte des Lebens bereithält, und erklärt, warum man sie die besten Jahre nennt: Weil es am schönsten ist, wenn wir endlich so sein können, wie wir schon immer sein wollten.

192 Seiten
16,99 € (D) | 17,50 € (A)
ISBN 978-3-86882-786-6

Alexandra Reinwarth

Ich bin nicht alt, nur schon sehr lange jung

Warum dein Leben mit jedem Jahr besser wird

Die teure Augencreme hat Einzug in unseren Badezimmerschrank gehalten und statt heißen Ausgehtipps teilen wir neuerdings Visitenkarten von Krampfaderspezialisten. Spätestens jetzt ist klar: wir sind älter geworden. Muss man deswegen verzweifeln? Nein, denn es gibt so vieles, was toll am Älterwerden ist! Man muss nur die richtige Einstellung dazu finden, dann kann man auch über die vielen Schrullen lachen, die sich im Lauf der Zeit einschleichen. Wir erzählen eben alle Dinge dreimal, weil wir es vergessen haben. Was soll's? Das Tolle ist ja, dass wir mit dem Alter auch gelassener werden und uns die Meinung der meisten Menschen irgendwann nicht mehr so wichtig ist. So kann man sein Leben gleich viel unbeschwerter und entspannter genießen.

Simona Meyer

192 Seiten
16,99 € (D) | 17,50 € (A)
ISBN 978-3-86882-844-3

Simona Meyer

Früher war alles leichter. Ich zum Beispiel

Ohne Botox und
Baucheinziehen entspannt
in die zweite Lebenshälfte

Mit Anfang vierzig weiß Simona Meyer, dass sie mittlerweile viel klüger, souveräner und erfahrener ist und in manchen Situationen eine Gelassenheit ausstrahlt, für die sie mit Mitte zwanzig gemordet hätte, auch wenn sie immer noch mit dem Umfang ihrer Oberschenkel hadert. Und seit wann hat sie eigentlich diese Falten im Dekolleté? Und wo ist das dicke Fell, das sie sich zulegen wollte? Simona Meyer räumt mit den Illusionen des furchtbar schönen Älterwerdens auf und wirft Ihnen lächelnd den Rettungsreifen zu, der Sie sicher in diese neue Lebensphase führt. Denn Älterwerden ist die beste Erfahrung der Welt.